다움, 연결, 그리고 한 명

다움,
연결,
그리고
한 명

밀레니얼의 일상에서 마케팅을 찾다

전창록 지음

클라우드나인

들어가며

초연결 시대에는 마케팅도 변해야 한다

최근 4년간 창업 생태계에 뛰어들어 엔젤투자자, 멘토, 여러 단체의 전문위원으로 활동하면서 많은 스타트업들을 만났다. 또한 2018년부터 경상북도경제진흥원에서 일하면서 정말 많은 중소기업들을 만났다. 만나는 스타트업과 중소기업의 가장 큰 고민 중 하나는 판매와 마케팅이었다. 좋은 아이디어와 좋은 제품이 있는데 어떻게 마케팅하고 어떻게 팔아야 할지 모르겠다는 것이었다. 그들에게 내 경험과 마케팅 방법에 대해 조언하면 이구동성 "그건 삼성이니 가능한 일"이라고 얘기했다.

「주유소 습격사건」이라는 영화가 있었다. 1999년에 개봉된 오래된 영화이다. 하지만 아직도 많은 사람들이 그 당시 유오

성의 대사를 기억하고 있다 "난 한 놈만 패." 영화에서 무데뽀
역으로 나오는 유오성이 한 명이 여러 명이랑 싸울 때 어떻게
하느냐는 질문에 "100명이든 1,000명이든 난 한 놈만 패."라
는 유명한 대사를 남겼다. 한 놈만 골라 집중적으로 패면 주변
에 있는 패거리들이 겁을 먹기 때문에 싸움에서 이길 수 있다
는 의미이다.

스타트업을 위한 마케팅은 어떻게 해야 할까? 2015년 창업
생태계에 뛰어들어 스타트업 전도사를 자임하면서 가장 많이
하고 다닌 얘기는 "4차 산업혁명 시대는 스타트업 전성시대"라
는 것이다. 외부의 무한한 공유 자원을 활용하는 데 기민하고
혁신에 열린 스타트업이 충분히 공룡들을 이길 수 있는 시대
라는 것이다.

과거 『포천』 500대 기업이 시총 1조 원에 도달하는 시간이
20년이라면 지금 유니콘 기업들은 평균 4.4년밖에 안 걸리고
있다. 우버 에어비앤비 등은 2년 만에 기존 거대 운수회사와
호텔체인 힐튼의 시총을 넘어서고 있고 그 도달까지 소요되
는 기간도 점점 짧아지고 있다. 이런 기업들을 우리는 유니콘
기업(2020년 1월 기준 전세계 430개, 한국에 11개가 존재)이라고 하
고 싱귤래리티대학의 초대 상임인 살림 이스마일Salim Ismail

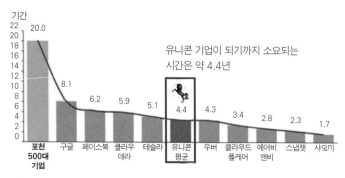

기업가치 10억 달러 도달까지 소요되는 기간

유니콘 기업이 되기까지 소요되는 시간은 약 4.4년

기간
22
20 — 20.0
18
16
14
12
10
8 — 8.1
6 — 6.2 5.9 5.1 4.4 4.3 3.4 2.8 2.3 1.7
4
2
0

포천 500대 기업 | 구글 | 페이스북 | 클라우데라 | 테슬라 | 유니콘 평균 | 우버 | 클라우드 플레어 | 에어비앤비 | 스냅챗 | 샤오미

(자료: 엑센추어)

은 저서『기하급수 시대가 온다』에서 기하급수 기업이라고 불렀다. 이런 변화를 목격하면서 4차 산업혁명 시대 초연결성이 우리 기업들의 생존과 성장 방식을 바꾼다면 마케팅도 초연결 시대에 맞춘 마케팅으로 변해야 하지 않을까가 이 책의 출발이다.

이 책의 가장 중요한 메시지는 과거의 마케팅이 시장 세분화Segmentation에 기반해 비슷한 니즈Needs를 가진 집단을 찾는 데서 출발했다면 이제 연결성 시대의 마케팅은 한 명이면 충분하다는 생각이다. 한 명이 세상과 연결되어 있고 그 한 명만 감동시키고 공감을 일으킨다면 빛의 속도로 퍼져 나가기 때문이다. 논란이 있지만 오뚜기의 갓뚜기도 그렇게 시작되었다. 오뚜기 진라면에 대한 고객의 불만이 고객감동으로 바뀌고 그 고객이 그 이야기를 SNS에 올림으로써 시작된 것이다.

세상을 감동시키는 데 수백 명, 수천 명, 수만 명이 필요하지 않다. 오롯이 한 명을 쳐다보고 그 한 명을 감동시키면 그 감동의 이야기는 온세상으로 퍼져나가 감동시키고 움직인다. 우린 그런 세상에 살고 있다. 한 명을 감동시키는 것은 기업의 크기와 자원의 유무와 상관이 없다. 어떤 면에서 보면 스타트업과 중소기업이 훨씬 더 잘할 수 있다는 것이다.

이 책은 크게 4부로 구성되어 있다. 1부는 '나다움에서 시작하라'이다. 초연결의 시대는 사람과 사람이 연결되는 것을 넘어 경험이 연결되고 온라인과 오프라인, 즉 실제 세계Real World와 가상 세계Cyber World가 연결되는 것을 의미한다. 이 초연결 시대의 특징은 연결의 망을 따라 너무 많은 정보가 흘러다닌다는 것이다. 연결성 시대의 고객을 부르는 단어 중 하나가 바로 '정보통' 고객이다. 요즘 유행하는 단어 중 하나인 TMI도 바로 너무 과한 정보Too Much Information로 이런 특징을 보여준다. 이렇게 고객이 너무나 많은 정보를 가지는 데서 연결성의 역설이 나타난다. 연결로 인해 더 소통하기 어려워

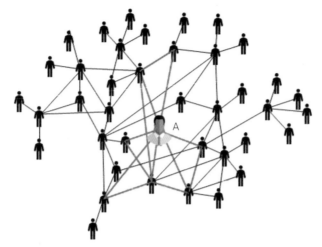

A의 친구들은 모두 서로 안다(A는 직접적으로 7명만 알고 있지만 그 7명은 다른 누구를 알고 있는 누군가를 한 명 이상 알고 있다). 그래서 연결성 시대의 마케팅은 한 명이면 충분하다는 생각이다. 한 명이 세상과 연결되어 있고 그 한 명만 감동시키고 공감하게 한다면 빛의 속도로 퍼져 나가기 때문이다.

진다는 역설이다. 채널이 많아 고객과 소통하기 더 쉬울 것 같은데 현실은 그 반대다. 너무나 연결이 많다 보니 주의가 산만해서 고객의 시선을 잡아끌기 어렵다.

미국 국립생물공학 정보센터의 조사에 따르면 인간의 주의 지속 시간은 8초에 불과하다. 재미 있는 사실은 금붕어가 9초라는 것이다. 우리 자신을 생각해봐도 그렇다. 얼마나 많은 문

미국 국립생물공학 정보센터의 조사에 따르면 인간의 주의 지속 시간은 8초에 불과하다. 재미 있는 사실은 금붕어가 9초라는 것이다. 우리 자신을 생각해봐도 그렇다. 얼마나 많은 문자, 카톡, 밴드 알림, 메일 등이 우리를 산만하게 만드는가?

자, 카톡, 밴드 알림, 메일 등이 우리를 산만하게 만드는가? 이런 산만한 시대에 사람들은 어떤 얘기에 반응하고 퍼나를 것인가? 세상에 없는 유일한 얘기만이 사람들의 8초의 주의를 잡아채고 반응하게 만들 것이다. 유일한 얘기는 어떻게 만들 수 있을까? 나만이 할 수 있고 오롯이 나에게서 출발해야 한다.

스타트업 마케팅의 출발은 바로 오롯한 나의 이야기, 즉 유일한 이야기를 통해 사람들이 귀기울이게 하는 것이다. 그런

연결 구조를 만들면 그 연결을 강화하고 때에 따라 우리의 얘기를 확산
시키고 가속화시킬 존재가 필요하다.

데 내가 만난 스타트업들이 가장 약한 부분이 바로 이 부분
이다. 스타트업들은 일단 빨리 시작한 뒤 시장에 맞춰 피보팅
pivoting*하라는 얘기를 많이 듣다 보니 '나다움'에 대한 깊은 고
민이 없는 경우가 많다. 실제로도 '나다움'에 대한 고민 없이
시작하는 경우가 많다. 그러다 보니 실패해도 그 원인을 모르
는데 그런데도 오히려 빨리 실패했으니 괜찮다는 위로를 했다.

---

* 방향 전환. 제품, 전략, 성장 엔진에 대해 새롭고 근본적인 가설을 테스
  트하려고 경로를 구조적으로 수립하는 것.

2부는 '연결, 연결, 연결시켜라'이다. 초연결 시대에 빠르게 성장하려면 나다움에서 출발한 나의 이야기를 세상에 널리 알려줄 고객을 통해 시장과 연결을 깊고 넓게 확대해야 한다는 이야기이다. 더욱이 이런 연결은 1회에 그치는 게 아닌 고객을 제품 기획에서부터 프로모션에 이르는 전 과정에 어떻게 참여시킬지 그 구조를 고민하고 만들어야 한다는 것이다. 연결 구조를 만들면 그 연결을 강화하고 때에 따라 우리의 얘기를 확산시키고 가속화시킬 존재가 필요하다. 커뮤니티와 인플루언서의 중요성과 필요성에 대해서도 보고자 한다.

3부는 '한 명이면 충분하다'이다. 고객 구매 행동의 변화에 대해 얘기한다. 과거의 AIDA, 즉 주의Attention하고, 흥미Interest를 갖고, 욕망Desire을 느끼고, 그리고 구매Action한다는 단선적인 깔때기 모델Funnel Model에서 연결의 바다에서 앞으로 뒤로 자유롭게 유영하는 구매 물고기 모델The Purchasing Fish Model로 고객 구매 행동이 변화했다. 이로 인해 구매 행동의 전과정에 영향을 미치는 추천의 중요성을 보여준다. 추천은 행동이고 행동은 오직 감동으로부터만 나온다. 기대 함수로서 고객감동을 만드는 고객감동관리CSM, Customer Surprise Management에 대해 설명한다. 그리고 고객

구매 깔때기 모델과 구매 물고기 모델

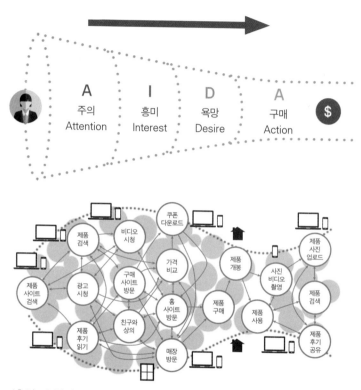

A	I	D	A
주의 Attention	흥미 Interest	욕망 Desire	구매 Action

(출처: 손현진, 디지에코 보고서, ICT와 디테일의 만남: 옴니채널, 2013. 9. 17 재편집)

감동관리를 만드는 마이크로 밸류 마케팅Micro Value Marketing 과 매크로 밸류 마케팅Macro Value Marketing의 개념과 사례에 대해 설명한다. 감동한 고객은 이제 더 이상 침묵하는 고객이 아닌 행동하는 팬이 된다. 그들은 우리가 만든 연결성의 바다에서 추천과 행동을 통해 하룻밤 만에 세상을 감동시킨다.

4부는 '고객을 팬으로 만들어라'이다. 고객감동을 통해 팬을 만든 사례를 브랜드, 유통, 콘텐츠, 고객이라는 틀을 가지고 대표 사례를 본다. 가장 인간적인 브랜드 자포스, 옴니채널을 넘어 유통 4.0 시대 고객 선택의 폭을 좁혀줌으로써 고객을 팬으로 만드는 아마존과 알리바바, 콘텐츠 전달의 시점과 양을 통해 고객을 감동시킨 방탄소년단, 그리고 고객참여라는 관점에서 마케팅의 4P를 4C로 바꿈으로써 다시 디지털 대표기업으로 거듭난 스타벅스 등의 성공 이유를 '연결과 팬'의 관점에서 다시 볼 수 있을 것이다.

이제 본격적으로 시작하기 전에 이 책과 관련된 세 가지를 얘기하고 싶다. 첫째는 이 책의 적용 대상에 대한 이야기이다. 이 책의 시작은 스타트업을 위한 마케팅으로 시작했지만 중소기업과 대기업에게도 해당된다는 얘기를 하고 싶다. 내가 만나는 많은 중소기업들의 판매에 대한 고민과 어려움은 스타트업들보다 훨씬 더하다. 그러나 그들은 대기업 납품이라는 기존의 방식에 목을 매고 있다. 돈이 없으면서도 오프라인 매장과 TV 신문 광고 등 매스미디어 마케팅에 의존하고 있다. 최소한 스타트업들은 변화된 마케팅의 필요성을 알고 '어떻게 How To'에 대한 요청이 많지만 한국의 중소기업들은 그 필요성에 대한 인식조차 약하다. 그들도 초연결 시대인 오늘 이제 기하급수적으로 성장할 수 있다.

또한 이 책은 대기업에도 필요하다는 점을 지적하고 싶다. 이제 크기의 문제가 아니다. 연결성의 바다에서 누가 빨리 헤엄치고 거기서 어떻게 한 명의 고객을 감동시키는가의 싸움이다. 그렇다면 대기업이라고 유리할 것도 없지만 불리할 것도 없다. 어쨌든 감동은 아날로그 세상에서 더 많이 일어날 확률이 높을 것이다. 그렇다면 아날로그 고객 접점을 많이 가진 대기업이 연결의 구조와 팬 만들기라는 부분을 잘 실행한다면 도움이 될 것이라고 말하고 싶다.

둘째는 누가 이 책을 읽어야 하는가와 관련된 점이다. 당연히 기업의 마케팅 담당자가 읽어야 한다. 그러나 오늘날 연결의 시대를 이해하고 이 연결의 바다에서 고객과 어떻게 관계를 맺고 고객을 팬으로 만들 것인가와 관련 연결의 구조를 만들고 감동의 실행이라는 관점에서 보면 전체 직원이, 특히 CEO가 읽기를 권한다.

셋째는 책 내용의 서술과 관련된 부분이다. 이 책의 상당 부분은 『한경 비즈니스』『한국경제신문』『조선일보』에 기고 게재했던 내용을 가져왔다. 그러다 보니 챕터 하나하나가 완결성을 가지게 되었다. 이 부분은 읽는 독자 입장에서는 어느 부분을 읽어도 '연결과 팬'이라는 개념이 녹아 있어 펼치는 대로 읽어도 되는 편안함이 있다는 점을 강조하고 싶다(사실 요즘 누가 책을 1페이지에서부터 시작해서 마지막 페이지까지 순서대로 읽겠는가).

이 책은 삼성전자 무선사업부를 떠난 후 지난 4년간의 고민의 결과물이다. 우리 스타트업들과 중소기업들이 어떻게 4차 산업혁명 시대를 일컬어지는 초연결성의 시대를 이해하고 승리할 수 있을지에 대해 작은 인사이트라도 주기를 진심으로 기대한다.

2020. 2
전창록

| 목차 |

1부

나다움에서
시작하라

들어가며

감동한 고객 한 명이 마케팅의 출발점이다

한 명의 고객에게 베푼 호의는 100명의 고객을 데리고 온다.

– 제프 베조스, 아마존 창업자

세상을 움직이는 데는 한 명이면 충분하다

국내 안경업계에 '프레임 몬타나'라는 신생 안경테 업체가 있다. 급변하는 트렌드를 뒤쫓기보단 창조적인 빈티지(고전풍) 재해석을 통해 미국과 프랑스의 빈티지 프레임이 갖는 단순하면서도 클래식한 매력을 추구하고 있다. 온라인 판매로만 시작한 프레임 몬타나는 2018년 8월 개업 첫날 3억 원의 매출을 올렸고 9개월 만에 인터넷 면세점에 진출했다. 클래식 안경 마니아층 사이에서 단기간 내 폭발적인 인기를 끌면서 성장하고 있다. 프레임 몬타나의 성공에는 4차 산업혁명 시대로 일컬어지는 초연결성 시대에 스타트업 마케팅 전문가들이 눈

여겨볼 만한 몇 가지 요소가 들어 있다.

'나음'〈'다름'〈'다움'

첫째는 '다움'이다. 원래 마케팅에서는 나음better보다 다름 different이 중요하다는 말이 있다. 요즘은 여기서 더 나아가 다름보다는 다움이 중요하다는 이야기를 많이 한다. 초연결성으로 정보가 많아지고 위대한 제품이 일상적으로 쏟아지는 오늘날, 고객들에게 가장 중요한 것은 진정성authenticity이라는 것이다. 브랜드에 그 진정성은 '안과 밖이 같은 나다움'이다.

프레임 몬타나는 처음부터 자기다움에 집중했다. 이 회사의 최영훈 대표는 빈티지 안경테를 300~350개 정도 가지고 있다. 본인이 좋아하고 확신하는 디자인을 상품으로 내놓은 것이다. 고객 각각의 다양한 개성이 존중받는 롱테일의 시대에 나의 취향이 다른 사람들과 너무 동떨어져 있지나 않은지, 호응을 받을 수 있을지에 대해 너무 걱정할 필요는 없다. 초연결성 시대에 나의 독특한 관심에 공감하는 사람들이 순식간에 결집될 수 있다.

둘째는 '커뮤니티'이다. 연결성 시대는 연결되어 있지만 그

프레임 몬타나 최영훈 대표. 그는 프레임 몬타나를 준비하고 론칭하는 전 과정을 모두 인스타그램에 공개했다. 그는 게시글을 올릴 때 홍보 목적이긴 해도 정보나 재미 둘 중의 하나를 반드시 주자는 생각을 하고 했다고 한다. 그렇게 그는 팔로어들과 소통하면서 관계를 만들어나갔다. 그가 안경테를 출시한 첫날 기록한 매출은 3억 원이 넘었다. (출처: 프레임 몬타나)

것만으로는 충분하지 않다. 하나의 목적을 가진 커뮤니티가 필요하다. 어떻게 만들 것인가? 시간, 참여, 지속적인 이야깃 거리의 제공이 필요하다. 프레임 몬타나의 최영훈 대표는 오 래전부터 빈티지 안경테에 관한 인스타그램을 시작했다. 개업 2년 전부터 안경테 제작 및 제품 출시에 대한 계획을 공표하

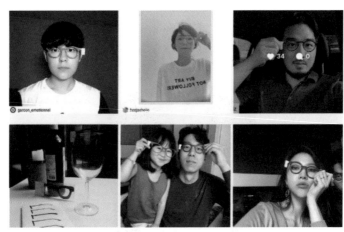

몬타나는 고객들에게 종이로 된 안경 샘플을 보내주고 직접 착용해보고 고르게 한다. 미국 와비파커의 실물 홈 트라이온 서비스보다 경제적이다. (출처: 프레임 몬타나)

고 디자인 등 여러 부문에 고객들의 참여를 활성화했다. 실제 그때 고객 중 몇 명은 지금 프레임 몬타나의 디자인 실장 등으로 일하고 있다. 또 1주일에 두세 차례씩 지속적으로 빈티지 패션 사진과 본인의 생각을 올렸다. 이런 시간, 참여, 이야깃거리의 제공을 통해 만들어진 8만 명 이상의 인스타 팔로어들이 프레임 몬타나의 초기 성공을 이끌었다.

셋째, '한 명'이다. 프레임 몬타나 사례에는 등장하지 않지만 마케팅 전문가들은 세상을 움직이는 데 필요한 고객은 한

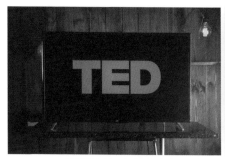

기립 박수를 받기 위해서는 몇 명이 필요할까? 유명한 강연 프로그램인 테드에서는 3명이다. 브로드웨이 뮤지컬에서는 15명이 필요하다고 한다.

명이면 충분하다고 말한다. 기립 박수를 받기 위해서는 몇 명이 필요할까? 유명한 강연 프로그램인 테드TED에서는 3명이다. 브로드웨이 뮤지컬에서는 15명이 필요하다고 한다. 마케팅의 대가 세스 고딘Seth Godin은 이를 최소 유효 고객이라고 정의했다. 초연결성의 시대에 세상을 움직이는 데는 3명과 15명도 많다. 한 명의 감동한 고객이면 충분하다. 감동한 한 명의 이야기가 빛의 속도로 퍼져 나가면서 커뮤니티에 활력을 불어넣는다.

그래서 미국의 온라인 신발 쇼핑몰인 자포스는 콜센터를 고객접촉센터Contact Center란 이름으로 운영한다. 창업자인 토니 셰이Tony Hsieh는 "전화는 최고의 브랜딩 도구이다. 그곳에

서는 다른 방해를 받지 않고 오롯이 고객과 5~10분 얘기할
수 있다."라고 말한다. 자포스에 많은 고객감동 스토리가 존재
하는 이유이다.

초연결 시대의 마케팅은 '다움' '연결' '한 명'이면 충분하다.
꼭 기업 규모가 크거나 자원을 많이 동원할 필요가 없다. 오히
려 오롯이 고객 한 명에 집중해 감동을 만들어내는 일은 스타
트업이나 중소기업이 더 잘할 수 있다. 마케팅의 새로운 장이
열리고 있다.

1장

왜 다움인가

왜 다움이 문제가 되는가?

최근 SNS상에서 80만 명 이상의 팔로어를 보유한 인플루언서가 운영하는 쇼핑몰이 논란이 되었다. 그 인플루언서가 입었던 옷과 사용한 화장품은 순식간에 완판될 정도로 인기를 끌었다. 그 결과 이 쇼핑몰도 짧은 시간 내에 수천억 원의 매출을 올릴 정도로 급성장했다.

그러나 판매한 호박즙 제품의 용기 입구에서 곰팡이가 발견되었고 고객은 환불을 요구했다. 이에 이미 먹은 제품은 환불이 어렵다며 남은 제품만 환불을 진행했다. 이에 해당 고객이 그 사실을 SNS상에 올리면서 파문이 시작되었다. 그후 고객들이 명품 브랜드 카피 문제와 타 쇼핑몰과의 판매가격 비교 같은 다른 여러 문제들도 지적하면서 논란은 일파만파로 확산되었다. 급기야 그 인플루언서가 사과하게 된 사건이다. 이 사건을 보면서 몇 가지를 생각하게 된다.

첫째는 이제 좋아하는 얘기든 싫어하는 얘기든 빛의 속도로 퍼져 나간다는 사실이다. 우리는 페이스북 친구들, 인스타그램의 팔로어들, 단톡방, 밴드 등으로 얼마나 많이 그리고 중첩적으로 연결되어 있는가? 오가닉 미디어랩이 밝힌 최근 연구에 의하면 페이스북 사용자의 친구 수는 평균 200명에 불과하지만 친구의 거리가 4단계 이하인 사용자의 비율은 3분의 2에 달하고 5단계 이하인 사람은 90%를 넘는다(한국만 통계를 내면 이 비율이 훨씬 클 것으로 예상된다). 내 친구의 친구의 친구(더 정확하게는 친구, 친구의 친구, 친구의 친구의 친구 수도 포함)가 13억 페이스북 사용자의 3분의 2를 차지한다는 것은 놀라운 일이다.[*]

---

[*] Organic Media Lab, 2015

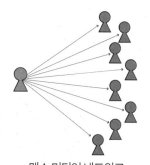 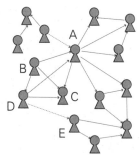

매스 미디어 네트워크
(출처: 오가닉 미디어랩, 2015)

오가닉 미디어 네트워크

둘째는 고객들이 기업이 현재 보여주려는 것만 가지고 평가하지 않는다는 것이다. 기업의 과거와 감추려고 하는 것들도 고객들의 평가에서 자유로울 수 없다는 것이다. 디지털 콘텐츠는 아날로그 방식과 달리 거의 영구 보관이 가능하고 완전 복제가 됨으로 언제나 어디서나 누구에 의해서든 즉각적 접근이 가능하다. 우리는 최근 누리꾼들이 정치인이나 기업들의 과거 이야기나 제품들을 찾아 오늘에 비교하는 사례를 많이 목격하고 있다.

이탈리아 명품 돌체앤가바나가 중국 시장에서 퇴출 위기에 놓여 있다고 한다. 2018년 연말 광고에서 중국인으로 추정되는 여성이 젓가락으로 피자와 스파게티 등의 이탈리아 음식을

(위) 돌체앤가바나의 인종차별적 뉘앙스가 담긴 광고. (아래) 돌체앤가바나의 2016년 광고에서도 인종차별적 뉘앙스가 담겨 있다. (출처: 돌체앤가바나)

먹는 모습이 등장한다. 잘되지 않자 손으로 집어먹는다. 이 광고를 두고 특히 공동창업자이자 디자이너인 스테파노 가바나 Stefano Gabbana가 인종 차별에 항의하는 네티즌과 SNS로 설전을 벌이는 과정에서 "중국은 거대한 똥이다." "무지하고 더러운 마피아." "우리는 너희가 없어도 잘살 수 있다."라고 언급한 점이 알려졌다.

이에 논란이 확대되자 스테파노 가바나는 계정을 해킹당했다면서 "나는 중국과 중국 문화를 사랑한다. 이미 일어난 일에 대해서는 정말 죄송하게 생각한다."라고 사과했지만 대륙의 분노를 걷잡기에는 역부족이었다. 이제 고객은 왕이 아니라 신이다. 정보의 비대칭은 완전히 사라졌다. 고객들은 자기가 필요로 하는 시간에 언제든지 기업의 정보를 불러올 수 있는 시대에 살고 있다.

셋째는 초연결성 시대를 살고 있는 '포노 사피엔스Phono Sapiens**'라고도 불리는 고객들의 특징에 관한 부분이다. 전체 인구의 15.9%를 차지하는 20대 초중반까지의 연령으로 자라나면서부터 디지털 초연결 사회에 익숙한 모바일 네이티브가

* 스마트폰 없이 생활하는 것을 힘들어하는 세대.

전문가들은 Z세대가 당장 시장의 '큰손'은 아니어도 '큰입'이 될 수 있다고 말한다. 아직 10~20대 초중반이어서 구매력은 낮지만 SNS 활동이 활발하고 호불호를 적극 표현해 온라인상의 여론을 주도하기 때문이다.

그들이다. 전문가들은 Z세대가 당장 시장의 '큰손'은 아니어도 '큰입'이 될 수 있다고 말한다. 아직 10~20대 초중반이어서 구매력은 낮지만 SNS 활동이 활발하고 호불호를 적극 표현해 온라인상의 여론을 주도하기 때문이다.

얼마전 국내에서 『90년생이 온다』라는 책이 크게 유행했다. 이 책에 따르면 많은 1990년생은 알아듣기 힘든 줄임말을 남발하고 어설프고 맥락도 없는 이야기에 열광한다. 또한 회사와 제품에는 솔직함을 요구하고 조직의 구성원으로서든 고객으로서든 호구가 되기를 거부한다. 그들은 자신에게 '꼰대질'을 하는 기성세대나 자신을 '호갱'으로 대하는 기업을 외

밀레니얼 세대는 자신에게 '꼰대질'을 하는 기성세대나 자신을 '호갱'으로 대하는 기업을 외면하고 그런 기성세대와 기업들에 대한 얘기는 철저히 찾아서 적극적으로 공유한다.

면하고 그런 기성세대와 기업들에 대한 얘기는 철저히 찾아서 적극적으로 공유한다.

왜 다움인가? 미국 대통령 링컨이 "모든 사람을 잠시 속일 수도 있고 일부 사람을 영원히 속일 수도 있다. 하지만 모든 사람을 영원히 속일 수는 없다."라고 한 말이 오늘 기업들이 부딪치는 현실이다. 이러한 현실은 일시적으로 현재 보여주려는 부분에만 집중하는 기업들에게는 지속적인 위기로 다가올 것이다. 그러나 다움을 획득한 기업에게는 오늘의 현실은 위기가 아닌 거대한 기회가 될 것이다.

2장

무엇이 다움인가

다움은 안과 밖이 같아야 한다

무엇이 다움인가 『국어사전』을 보면 '다움'은 '어떤 성질이나 특성이 있음을 말한다'이다. 즉 어떤 사물이나 사람을 그 사람이나 사물답게 만드는 것이 바로 다움이라고 할 수 있다. 기업으로 보면 그 기업이 지향하는 가치, 그 가치가 발현되는 제품, 서비스, 그리고 그 제품과 서비스가 의미 있게 지속될 때 그 기업이 '다움'이 있다고 할 수 있다.

여기에 더해 초연결 시대인 요즘 또 하나 다움의 중요한 특징은 안과 밖이 같은 것이다. 즉 밖으로 얘기하는 가치가 기업 내부에도 그대로 적용되어야 한다. 유명한 간장회사나 피자회사가 오너의 갑질로 휘청거리고 오뚜기가 갓뚜기가 되는 것이 바로 초연결 시대의 다움의 특징인 것이다. 그래서 마지막 부분은 시간이 흘러도 변치 않는 지속가능성과 안과 밖이 같은 투명성이다. 지속성이 시간의 일관성이라면 투명성은 공간의 일관성이라는 단어로 묶을 수 있다. 따라서 초연결 시대 다움은 가치, 가치가 발현된 제품이나 서비스, 그리고 일관성이라고 얘기할 수 있다.* 하나씩 살펴보면 다음과 같다.

나만의 가치: 할리데이비슨, 애플, 스타벅스

첫 번째는 '다움'과 관련된 가치의 부분이다. 다움의 가치에 대한 이야기는 '나는 누구인가?Who am I?'의 질문에서 출발해

---

* 이 책을 쓰는 내내 진정성 마케팅과 다움의 관계에 대해 고민했다. 서울대 김상훈 교수와 대홍기획 박선미 본부장이 공저한『진정성 마케팅』에서 진정성 마케팅은 기업 브랜드 이미지 전략이라고 할 수 있다고 얘기하며 자신이 누구인지 알리는 커뮤니케이션에 공을 들여야 한다고 말한다. 여기에 비해 다움은 외부로 발신하는 브랜드 이미지나 커뮤니케이션을 넘어서 상대적으로 기업이 만들어가고자 하는 실체에 가까워지려는 기업 내 외부의 노력을 통칭한다. 특히 초 연결성 시대라는 시대적 특징으로 말미암아 외부적 발신도 중요하지만 다움을 내부에 체화시키는 조직 문화 내부 브랜딩 등이 더 중요하다고 얘기할 수 있다.

할리데이비슨, 애플, 스타벅스는 그들만의 다움을 가지고 있다고 평가받는다.

야 한다. 이것은 기업에게 '고객에게 제공하는 나만의 가치가 무엇인가?'라는 질문에 다름 아니다.

이 가치에 대해 세스 고딘Seth Dodin은 저서 『마케팅이다This is Mar-keting』에서 "당신의 일은 나무와 같다. 모두의 꿈과 욕망이 아니라 당신이 섬기고자 하는 사람들의 꿈과 욕망 말이다. 당신의 일이 일용품 수준이라면, 뻔한 수요를 충족하려는 약삭빠른 대응이라면, 당신의 뿌리는 깊이 뿌리내리지 못한다. 나무는 높이 자라지 못할 것이고 설령 높이 자라더라도 중요하거나, 유용하거나, 지배적이라는 평가를 받지 못할 것이다." 라고 말했다. 나만이 만족시킬 고객의 꿈과 욕망은 무엇인가?

할리데이비슨은 "나는 바이크를 파는 것이 아니라 자유와 저항 정신을 판다."라고 했다. 스티브 잡스도 "우리는 물건이 아니라 꿈을 팔고 있다."라고 했다. 스타벅스도 "우리는 커피를 파는 것이 아니라 사람들 간의 관계를 팔고 있다."라고 했다. 그래서 할리데이비슨은, 애플은, 스타벅스는 그들만의 다움을 가지고 있다고 평가받는 것이다.

나만이 만족시킬 고객의 꿈과 욕망을 알기 위해서는 고객을 철저히 이해해야 한다. 하버드 대학교 로버트 사이먼스Robert Simons 교수는 질문이 생각을 만들고 생각이 전략을 구성한다

사업의 앞 단계에서 목표 시장과 목표 고객을 명확히 해야 한다. 시장과 고객이 명확하게 정해져야 그다음에 그 고객이 원하는 것이 무엇이며 그것을 어떻게 만들어낼 것인지를 차례로 결정할 수 있기 때문이다.

고 주장한다. 그는 저서 『전략을 보는 생각』에서 가장 중요한 첫 번째 질문이 바로 '너의 핵심 고객이 누구인지 제대로 알고 있는가?'이다. 이 질문에는 두 가지 강조와 하나의 보이지 않는 의미가 있다. 그것은 '핵심' '제대로'의 강조를 통한 '자원 배분의 우선순위'이다. 모든 고객이 아닌 '핵심' 고객, 즉 단 한 명의 고객을 성별, 나이, 소득 등의 '두루뭉술'이 아닌 무엇을 좋아하고 어디서 시간을 보내고 중요한 가치에 대한 의견 등의 전인격적으로 '제대로'(Value and Lifestyle) 그 고객을 이해하고 그 고객의 삶에 우선적으로 기업의 관심과 역량을 쏟아야 한다는 것이다. 단 한 명의 고객의 꿈과 욕망을 제대로 이해하는 것이 출발이 되어야 한다.* 물론 고객의 꿈과 욕망의 이해도 나에 의해 정의된다고 보면 출발은 나는 누구인가?Who am I?이다.

고객에 대한 철저한 이해: 마켓컬리

두 번째는 다움의 가치가 발현된 기업의 제품과 서비스에 대한 부분이다. 이 부분은 한 스타트업의 사례를 들고 싶다. 새벽배송이라는 새로운 서비스를 통해 유통 업계의 전쟁의 장을 바꾼 마켓컬리 이야기이다. 마켓컬리의 김슬아 대표에게 급성장한 비결을 묻자 "언제나 사용자 관점에서 생각하고 있다. 예를 들어 어떻게 해야 맞벌이 부부가 더 편하게 이용할 수 있을까를 생각하고 그에 맞춰 상품을 내놓았고, 반응하는 고객이 많다."라고 답하는 인터뷰를 봤다. 마켓컬리의 출발에는 처음부터 고객에 대한 철저한 이해가 있었다. 김슬아 대표 본인의 라이프 스타일이기도 한 강남에 사는 30대 맞벌이 부부의 삶

---

* 『트렌드 코리아 2020』에서는 초개인화 트렌드를 언급하며 '아마존은 0.1명 규모로 세그먼트'를 한다는 것을 소개했다.

마켓컬리 김슬아 대표. 그녀는 마켓컬리가 급성장한 비결에 대해 "언제나 사용자 관점에서 생각하고 있다. 예를 들어 어떻게 해야 맞벌이 부부가 더 편하게 이용할 수 있을까를 생각하고 그에 맞춰 상품을 내놓았고, 반응하는 고객이 많다."라고 말했다. (출처: 마켓컬리)

과 가치에 대한 깊은 통찰이 있었다.

"맞벌이 부부인 주부가 일반적인 시간에 장을 볼 시간이 있을까? 아마도 녹초가 되어 퇴근 후 씻고 잠시 숨돌리고 장을 본다면 9시 이후에 장을 보고 그 식재료는 새벽에 도착해 있어야 아침 식사에 간단하게 활용도 하고 정리 후 다시 출근할 수 있지 않을까? 그리고 강남 맞벌이 주부의 깐깐함을 생각해

마켓컬리의 샛별배송

보면 건강도 포기하지 않으며 오프라인에서도 사기 힘든 '본앤브래드' '오월의종' 등 정도의 상품 구성이 되어야 하지 않을까? 식초 하나 식빵 하나를 출시하려고 해도 꼼꼼하게 따지는 게 우리만의 방식이고 모든 MD가 한 분야의 전문가가 되는 게 우리의 경쟁력이다."

마켓컬리의 '샛별배송'이라는 핵심 가치와 '내가 먹고 싶은 음식' '3인 가족이 버리지 않을 양을 기준으로 가격 책정' '보라색 정체성' '아이스 팩' 같은 감성적인 요소 모두 강남 사는 30대 맞벌이 부부라는 아주 구체적인 고객 설정 덕분에 가능했다. 이런 날카로움은 고객들로부터 이건 마니아들이 하는

그린피스는 네슬레 장수 히트상품인 초콜릿 킷캣을 오랑우탄 손가락으로 표현한 자극적인 동영상을 유포했다. 킷캣을 먹는 것은 곧 오랑우탕의 생명을 먹는 일이라는 것이다. (출처: 그린피스)

회사라는 인정을 받게 했고 급속한 성장을 이끌었다. 타깃을 작고 분명하게 잡는 것을 두려워 말자. 뾰쪽해야 깊이 파고 깊이 파야 제품과 서비스의 다움이 생긴다.

시간과 공간의 일관성: 네슬레

세 번째는 일관성이다. 투명성과 지속가능성, 즉 시간과 공간의 일관성이다. 일관성은 오늘날 초연결 시대 디지털 네이티브들에게 가장 중요한 다움의 가치이다. 2010년 당시 네슬레는 그린피스Greenpeace로부터 공격받고 있었다. 오랑우탄 서식지인 인도네시아 열대우림을 파괴하는 팜오일 제조업체

네슬레 본사. 네슬레는 2010년에 오랑우탄 서식지인 인도네시아 열대 우림을 파괴하는 팜오일 제조업체와 거래한다는 이유로 그린피스의 공격을 받았다, 그 일로 불매운동이 일어났고 고객들의 항의메일 20만 통을 받았다. 결국 팜오일 제조업체와 거래를 중단했다.

와 거래한다는 이유였다. 그린피스는 네슬레 장수 히트상품인 초콜릿 킷캣을 오랑우탄 손가락으로 표현한 자극적인 동영상을 유포했다. 이 동영상이 24시간 만에 10만 번이 넘는 조회수를 기록했고 네슬레 페이스북 페이지가 항의하는 글로 도배되었다. 그러자 네슬레는 저작권 침해를 이유로 법원에 가처분을 신청했고 해당 영상 강제 삭제에 나섰다. 그러자 분노한 네티즌들이 해당 동영상을 블로그와 게시판에 계속 퍼다 날랐고 고객들 사이에서 불매운동이 벌어졌다.

앱솔루트 보드카

결국 20만 통의 항의 이메일을 받은 네슬레는 인도네시아 팜유 생산 업체로부터 구매를 중단하겠다고 선언했다. 고객들은 네슬레가 앞에서는 '삶의 질을 증진하고 건강한 미래를 만드는 데 기여한다'고 하면서 뒤에서는 오랑우탄이 사는 열대 우림을 파괴하는 앞뒤 다른 행태에 그리고 고객을 위한다고 하면서 고객의 영상을 강제로 삭제한 이중성에 화가 났던 것은 아닐까? 예전에는 기업의 윤리 논란이 있더라도 금방 잊히곤 했다. 하지만 새로운 세대는 자신들을 '호갱(호구와 고객이 합쳐진 말)'으로 삼거나 비윤리적 행동을 하는 기업을 절대 잊지 않는다. 모 우유 회사의 갑질 논란이 대표적 사례다. 2013년 대리점주를 향한 욕설과 물량 밀어내기로 논란이 된 이후 현재까지도 불매운동은 계속되고 있다. 밀레니얼과 Z세대 사이에서는 '숨은 ○○ 찾기'로까지 아직 진행 중이다.

네슬레 사례가 투명성, 즉 안과 밖이 같은 공간의 일관성이라면 지속성은 흔들리지 않는 가치와 그 가치의 창조적 적용 또는 진화라고 할 수 있다. 지속성이라고 해서 그 콘셉트가 박제되면 안 된다. 박제는 죽음을 의미한다. 1985년 '앱솔루트 L.A.'편을 시작으로 지금까지도 계속되는 앱솔루트 보드카 사례가 있다. 변치 않는 가치인 보드카의 투명병을 바탕으로 꾸준히 다른 세계 도시의 상징들을 담음으로 '결코 바꾸지 않으면서도 늘 바꾸기Never changing, Always changing' 라는 지속성의 정답과 같은 캠페인이 그것이다.

오늘날 가장 중요한 가치로서 투명성 얘기를 좀 더 하고 싶다. 그동안 조직organization, 제품product, 메시지message, 고객customer 간의 넘을 수 없는 경계가 분명히 존재해왔다. 이에 따라 제품과 조직은 고객에게 전달되는 메시지 뒤에 숨어 있었다. 이제는 경계가 허물어진 네트워크에서 각각의 요소는 직접 연결되고 서로를 드러낸다. 오가닉 미디어랩에서는 그래서 이제는 조직원 한 명 한 명이 콘텐츠로써 노출될 수 있고 고객과 다른 콘텐츠와 연결될 수 있는 네트워크라는 점을 강조하고 있다.

브랜드는 인상이다

브랜드는 네트워크다

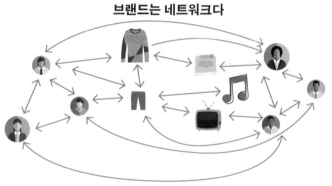

(출처: 오가닉 미디어랩, 2016, 2015, 재편집)

네트워크 세상에서는 안과 밖이 없다. 이런 환경에서는 '겉과 속이 같은 나'를 구축하는 것이 투명성의 출발점이다. 투명성을 유지하는 가장 효율적이고 유일한 하나의 방법은 조직문화이다. 고객과 만나는 모든 접점에서 일관된 가치를 전달하는 것이라고 할 수 있다.

루이까또즈는 구성원들에게 '이지적 우아함'을 체화하기 위해 평창올림픽 위원회 나승연 대변인을 구체적 예로 들어 그릴 수 있도록 했다. (출처: 더반 프레젠테이션 영상 캡처)

일관된 가치를 전달하기 위해서는 구성원에게 기업의 가치가 체화되고 문화로 내재화되는 수밖에 없다. 그러나 조직문화를 만들고 바꾼다는 것은 너무나 어려운 일이다. 한양대 홍성태 교수는 루이까또즈LOUIS QNATORZE가 '이지적 우아함'을 체화시키는 과정을 예로 들며 그 어려움을 설명하고 있다.

먼저 이지적 우아함의 표상으로 평창올림픽 위원회 나승연 대변인을 구체적 예로 들어 모든 사람들이 그릴 수 있도록 했다. 그리고 1년 동안 본격적인 체화 프로그램을 진행했다. 첫 번째, 두 달 안에 본인이 보고 싶은 공연, 연극, 전시 등을 보고 그 공연에 나온 사람들 중 이지적으로 우아한 사람을 찾아내 왜 그렇게 생각했는지를 적어내게 했다. 두 번째, 두 달 안에 어떤 책이든 읽고 그렇게 했다. 세 번째, 길을 가다가 그런 사람을 발견하면 적어내게 하고 왜 그런지 설명하게 했다. 매 단계 공유와 포상을 통해 열기를 높여갔다. 1년쯤 그렇게 하니 직원들이 전화를 받을 때도 손님들을 맞을 때도 식사를 할 때도 이지적 우아함이 몸에 배기 시작했다고 한다. 그래서 피터 드러커Peter Drucker도 "문화는 전략을 아침식사로 여긴다."라고 말할 정도였다.

다움은 고객의 꿈과 욕망에 대한 나만의 가치를 정의하고, 그 가치가 들어간 제품과 서비스를 만들고, 문화를 통해 시간이 흘러도 조직의 안과 밖이 같은 일관성을 확보할 때 만들어진다.

3장

어떻게 다움을 만들 것인가

어떤 제품과 서비스를 만들 것인가

지금까지 왜 다움이고 다움이 무엇인지에 대해 이야기했다. 이제 어떻게 만들 것인가에 대해 구체적으로 두 개 기업의 사례를 보고자 한다. 어떤 가치를 지향하는지, 그 가치가 들어간 제품과 서비스를 어떻게 만들었는지, 그리고 일관성에서 안과 밖이 같은 투명성의 사례로 배달의민족을 보고 시간의 일관성, 즉 지속성의 사례로 파타고니아를 보고자 한다.

고객과 친구처럼 – 배달의민족*

'배짱이'라는 팬클럽이 있다. 이 클럽은 어느 아이돌을 쫓는 팬클럽이 아니라 기업을 쫓는 팬클럽이다. 그들이 쫓는 기업이 처음 흑자를 냈을 때 팬들은 전국 8도에 있는 흙을 모으고 거기에 자를 꼽아 보내줌으로 '흑자'를 축하했다. 8도에 있는 흙을 모은다는 건 사실 쉬운 일이 아니다. 하지만 인터넷상에는 이 기업에 대한 이런 일화가 넘쳐나고 있다. 배달의민족 이야기이다.

배달의민족이 지향하는 다움의 가치는 고객과 친구처럼이라고 생각한다. 음식 배달 앱의 차별화는 어렵다. 많은 경우 동일한 식당을 대상으로 때에 따라서는 배달원들도 외주를 사용하는 경우 차별화는 할인쿠폰 정도이다. 이 경쟁이 치열하고 차별화가 어려운 시장에서 배달의민족은 1위를 유지하고 있다. 어떻게?

누가 배달 앱을 사용하는가? 아마도 대부분 팀의 막내이거나 취준생들, 사회초년생, 자취생과 같은 사람들이 배달앱을 사용할 것이다. 이들은 아마 대부분 사회에서는 아직은 을이

---

* 이 글 쓰는 중 배달의민족이 4조 7,500억 원에 독일의 딜리버리히어로 DH에 합병됐다.

배달의민족이 지향하는 다움의 가치는 고객과 친구처럼이다.
(출처: 배달의민족 페이스북)

고 B급 인생이고 1990년대생이다. 이들은 맥락 없는 병맛 코드에 열광하고, 〈무한도전〉을 즐겨보고, 상품만 파는 플랫폼은 외면하고 콘텐츠를 소비하는 세대이다. 상품 판매를 목적으로 하는 일반 쇼핑몰과 달리 다양한 콘텐츠를 제공하는 미디어의 역할을 통해 온라인 패션몰 무신사 성공의 이유를 보는 것도 같은 이유이다. 배달의민족도 아마 차별화가 어려운 제품 대신 콘텐츠의 발신자로서 미디어의 역할을 함으로써 스스로를 차별화했다고 생각한다. 친구처럼의 콘텐츠를 지속적으로 발신하는 미디어로서 배달의민족은 다른 음식 배달 앱과 차별화

배달의민족 론칭 광고 (출처: 우아한형제들)

되고 다움을 획득했던 것이다. 나만의 다움을.

'우리가 어떤 민족입니까?'의 론칭광고, 전국적으로 경희 열풍을 불러 일으킨 '경희야, 너는 먹을 때가 제일 이뻐'와 같은 옥외광고, '다이어트는 뽀샵'으로의 잡지광고, 손풍기와 같은 톡톡 튀는 사은품, '치킨은 살 안쪄요.' '살은 내가 쪄요.'의 배민 신춘문예, 치믈리에 시험까지. 이런 일련의 커뮤니케이션을 통해 배달의민족은 콘텐츠 생산을 통한 하나의 미디어로 자리잡았고 결국에는 친구처럼의 다움을 획득했다.

다움의 일관성 부분이다. 배달의민족은 아직 시간적인 일관성을 논하기는 빠르고 안과 밖이 같은 투명성 측면에서 특별

우리는 모두 시인이다

배 민 2020 신춘문예

2020.02.27-03.11

배달의민족 신춘문예 (배달의민족 페이스북)

히 공을 들이고 있다. 1990년대생이 좋아하는 친구처럼의 가치가 커뮤니케이션에만 나타나서는 안 된다. 우리 조직의 문화가 바로 친구처럼의 조직문화를 가지고 있어야 1990년대생들은 이 기업답다고 인정해준다. 이와 관련 『배민다움』이라는 책에서 배민의 내부 브랜딩이라는 편에서 다양한 활동을 소개한다. 내부 브랜딩 활동의 목적은 '과연 직장이 재미있는 놀이터가 될 수 있을까?'라는 질문에 대답하기 위해서이라고 얘기한다.

'팔도 비빔면'을 '괄도 네넴띤'으로, 포토칩 육개장 사발면,

팔도가 출시한 35주년 기획 상품 (출처: 팔도)

비주얼 만족 때문에 인기를 끌고 있는 흑당 버블티까지 재미
에 목숨을 거는 게 1990년대생들이다. 따라서 그들이 바라는
일하고 싶은 기업은 재미 있는 기업이라는 것이다. 이 재미를
위해 배민은 직원들의 투표를 통해 호수가 보이는 곳으로 회
사를 옮기고, 팅커벨과 같은 회의실 이름을 짓고, 직원들 아이
들 이름을 딴 서체를 개발하고, 가장 출근하기 싫은 월요일 오
전에는 근무하지 않는 4.5일 근무를 실행하고, 피플팀을 만들
어 직원들의 고충을 챙기고 투표로 버킷리스트를 만들어 하나
씩 지우면서 놀이터 같은 직장을 만들어가고 있다. 이렇게 외
부 브랜딩과 내부 브랜딩이 일치하는 일관성을 통해 친구처럼

블루보틀

의 다움을 고객들로부터 얻고 있다. 그래서 배민은 다움이 있다는 '배민다움'이라는 말이 퍼지고 있는 것이다.[*]

덕후 전성시대 - 블루보틀과 파타고니아

요즘 '덕업일치' '덕후 전성시대'라는 말이 유행이다 덕후는 일본어 '오타쿠オタク'를 한국식으로 발음한 '오덕후'의 준말이다. 특정 분야나 대상에 열중하는 사람들을 가리킨다. 초기에는 히키코모리(引き籠もり, 은둔형 외톨이) 같은 부정적 이미지였지만

* 홍성태, 『배민다움』, 2016, 북스톤

블루보틀의 창업자 제임스 프리먼은 커피 덕후였다. (출처: 블루보틀)

지금은 전문가를 능가할 정도의 마니아를 지칭한다. 블루보틀의 창업자 제임스 프리먼James Freeman이 프리랜서 클라리넷 연주자로 순회공연을 다닐 때마다 악기 가방에 직접 볶은 커피를 갖고 다닐 정도로 '커피 덕후'였던 사실은 유명하다. 프레임 몬타나의 성공도 언급한 것처럼 최영훈 대표 본인이 앤틱 안경테 마니아였음에 기인한 바 크다. 그는 최근 '덕업일치 실전 MBA'라는 코스를 인스타에 연재하기도 했다.

　파타고니아도 창업자로부터 이야기를 시작하지 않을 수 없다. 파타고니아 창립자 이본 쉬나드Yvon Chouinard는 14세 때인 1953년에 사냥을 위해 독수리와 팔콘을 훈련시키는 남부 캘리포티나 팔콘 클럽에서 활동할 때 클라이밍을 처음 시작해 매년 겨울 주말마다 스토니 포인트에 있는 절벽에 매달렸고 요세미티 암벽에서 살았다. 그리고 4년 뒤 그는 등반용 장비 피톤을 스스로 만들어 팔기 시작했다. 하지만 곧 그는 피톤이 바위를 망가뜨리는 걸 알고 다음과 같이 얘기했다.

"'깨끗함'이라는 말이 있습니다. 깨끗하게 올라야 합니다. 우리 다음에 이 바위를 오를 등반가들이 있기 때문입니다. 깨끗하게 올라야 합니다. 망치로 피톤을 박고 빼는 일은 바위에 상처를 입힙니다. 우리 다음에 오를 등반가들의 자연스러운 경험을 망가뜨립니다. 깨끗하게 올라야 합니다. 등반하는 동안 등반가는 바위에 흔적을 거의 남겨서는 안 됩니다. 깨끗하게 올라야 합니다. 깨끗한 등반은 바위를 보존하는 등반입니다. 자연에 더욱 가까워지는 등반입니다."

1973년 본격적으로 의류 사업을 시작하면서 파타고니아라는 브랜드를 만들었다. '팀부쿠나 샹그릴라처럼 지도에 없는 멀고 아름다운 곳, 빙하가 지나가며 남긴 아름다운 풍경, 봉우리마다 바람이 울부짖는 곳, 카우초와 콘돌이 사는 곳'이라는

파타고니아 이본 쉬나드는 클라이밍 덕후였다. (출처: 파타고니아)

생각에 파타고니아 지명을 사용했다.[*]

    파타고니아의 다움의 가치는 환경보호이다. 그들의 이 가치는 창업주의 가치이고 너무나 자연스러워 뼛속 깊이 DNA에 새겨져 있을 정도이다. 그들은 사업을 위해 환경보호를 하는

---

[*] 창업자의 육성을 느끼도록 파타고니아 홈페이지에서 그대로 발췌했다.

것이 아니라 환경보호를 위해 사업을 한다고 여겨질 정도이다. 그들은 이러한 다움의 가치를 위한 제품과 서비스를 만들기 위해 전세계 농약의 10%가 사용되고 살충제의 25%가 사용되는 면 소재를 100% 유기농 면 소재로 바꾸고 친환경적인 신소재들을 개발하는 등 환경을 위한 활동들을 하나하나 실천해나갔다. 또한 1986년부터 매출의 1% 또는 이익의 10% 중 더 많은 금액을 풀뿌리 환경 단체들에 후원했다. 파타고니아는 환경을 위해 인테리어 리뉴얼을 하지 않으며, 가능한 인테리어를 배제한 창고와 같은 콘셉트로 매장을 꾸몄다. 파타고니아의 유기농 목화는 1,000일 이상 농약이 닿지 않은 땅에 씨를 뿌려 손으로 잡초를 뽑고 무당벌레로 해충을 잡는 방식으로 생산됐다.

이런 환경에 대한 생각이 가장 극단적으로 나타난 게 미국의 가장 큰 쇼핑 시즌인 2011년 11월 25일 블랙프라이데이 아침 『뉴욕타임스』 광고이다. '필요 없는 옷을 사지 말자Don't Buy This Jacket'는 캠페인이다. 원래는 오래 입어서 더이상 입기 힘든 옷을 가져오면 재활용하는 캠페인을 진행했다. 하지만 그것만으로는 부족하다는 생각이 들었고 옷을 오래 입는 것이 제품을 재활용하는 것만큼 중요하다는 생각에서 내부적

파타고니아의 '필요 없는 옷을 사지 말자!'는 캠페인. 파타고니아는 창립 27년 만인 2019년에 사명 선언문을 "우리는 우리의 터전, 지구를 되살리기 위해 사업을 합니다."로 바꾸었다.

으로 논란이 있었지만 진행하게 됐다고 설명했다. 그래서 파타고니아 웹사이트를 보면 아버지가 입고 있던 옷을 성년이 된 아들이 다시 입고 올린 사진을 많이 볼 수 있다.

파타고니아의 일관성 중 세월이 흘러도 변함없는 환경에 대한 헌신은 말할 필요가 없다. 조직의 안과 밖이 같은 투명성의 조직문화는 다음의 한마디로 요약된다. "파도가 칠 때는 서핑을 타러 갈 수 있는 정책Let My People Go Surfing Policy." 파타고니아의 창업자는 여름에는 서핑을 겨울에는 클라이밍을 즐겼다. 그는 직원들이 그와 같이 인생을 즐기기를 원했고 얼마나 야외 활동을 즐기는지, 얼마나 환경보호에 관심이 있는지, 얼마나 독립적으로 일할 수 있는지 등과 같은 채용 기준을 통해 자기와 같은 DNA를 가진 사람을 뽑기를 원했다. 그래서 파타고니아 직원들 대부분은 클라이밍이나 서핑을 즐긴다.

창업자 이본 쉬나드는 자기처럼 직원들도 파도가 칠 때는 사무실에 있기보다 서핑을 즐기기를 원했다. 직원들은 탄력 근무제에 따라 등산 하이킹 등을 즐기면서 일과 삶의 균형을 지원받고(하루 9시간으로 보다 압축된 스케줄에 따라 업무를 추진하고, 격주마다 사무실을 공식적으로 패쇄해 직원들의 긍정적 에너지를 유지), 사무실 칸막이를 없애 열린 공간으로 바꿨고, 건강한 채소와

과일과 유기농 음식을 매일 먹을 수 있는 직원 식당도 문을 열었으며 300곳 이상의 사내 유치원을 운영하고 있다. 그래서 파타고니아의 이직율은 소매 업계 평균 60% 대비 4% 수준을 유지하고 있다.

파타고니아는 환경보호라는 다움의 가치를 가지고 친환경적인 소재의 사용 및 '필요 없는 옷은 사지 말자!'와 같은 광고 캠페인 및 시간과 공간의 일관성을 통해 다움의 가치를 지켜내고 있는 것이다.

2부

연결, 연결, 연결시켜라

1장

왜 연결성인가
: 맥주 한 잔에 대박 친 홍진영 파데의 비밀

2018년 7월 가수 홍진영이 자신의 이름을 딴 화장품을 출시했다. 이 화장품의 출시 과정이 재미있다. 원래 홍진영이 2018년 3월 〈인생술집〉이라는 예능 프로그램에 출연했다. 이때 자기는 맥주 한 잔만 먹어도 온몸이 새빨개지는 타입이라고 얘기했다. 실제 맥주 한두 모금을 마신 홍진영의 온몸이 새빨개졌고 마침 그날 시스루 옷을 입어 시청자들은 그걸 확인할 수 있었다.

그런데 재미있는 것은 빨개진 온몸과 대조적으로 얼굴은 그대로였다. 그래서 방송 중과 후에 홍진영에게 카톡과 메시지로 문의가 엄청 쏟아졌다. "언니, 이 미친 커버력은 뭐죠? "

퍼프Tip 건조한 피부는 미스트를 뿌려도 좋음

홍진영은 본인 유튜브 채널 '쌈바홍'에서 〈인생술집〉에 출연했을 때 쓴 파운데이션 제품을 소개했다. (출처: 유튜브 채널 '쌈바홍' 캡처)

"파운데이션 뭐 쓰세요?" 등 결국 며칠 후에 홍진영은 본인 유튜브 채널 '쌈바홍'에서 〈인생술집〉에 출연했을 때 쓴 파운데이션 제품을 소개했다. 그때 소개된 화장품은 '홍진영 파데'로 품절이 되는 등 한동안 여러 매체에서 화제가 됐다. 그리고 그 이후 7월에 홍진영이 본인의 이름을 딴 화장품까지 출시했다. '홍진영 파데' 사건은 오늘의 고객과 마케팅에 대해 다시 생각 하게 한 사건이다.

오늘의 시대를 연결성의 시대라고 한다. 그런데 연결성 시 대는 무엇이고 고객은 어떻게 변했고 그래서 마케팅은 어떻게 변해야 하는지를 묻지 않을 수 없다.

연결성의 의미

4차 산업혁명의 본질을 가장 잘 표현하는 낱말로 '초연결 사회'를 들 수 있다. 초연결 사회는 인터넷을 통해 사람 간의 연결은 물론이고 사람과 사물, 심지어 사물 간 연결 등 말 그 대로 '연결의 영역 초월'이 이루어지는 것을 의미한다. 초연결 은 단순한 연결과는 다르다. 지금까지 연결이라 하면 어떤 주 체와 다른 주체 사이의 소통이라고 이해되어왔다. 그런 의미 의 연결은 각각의 주체를 우선 하는 개념이지 그들 사이의 관계에 초점을 두지는 않는다. 그러나 연결이 훨씬 더 많아지고 복잡해지면서 급기야 초연결은 각각의 주체 간의 단순한 정보 교환 이상의 의미를 지니기 시작했다.

연결을 넘어 '관계'로 진화하고 있고 관계가 주체를 다시 규정하고 변화시키고 있는 것이다. 이제 연결성은 단순한 인터넷으로의 접속을 의미하는 기기적 연결을 넘어 너와 나의 경험을 연결하는 경험적 연결성 그리고 커뮤니티를 통해 나와 세계를 연결하는 사회적 연결로 진화하고 있다. 관련 당사자들 간의 상호작용 비용을 현저히 낮춤으로써 시장 경쟁 고객에 대한 새로운 정의를 가능하게 한다. 연결로 인해 시장의 경계는 희미해지고 변화의 속도는 기하급수적으로 빨라졌다. 기존 거대 기업들도 하루 아침에 무너질 수 있는 시대가 되었다. 미국 네트워크 통신회사 시스코의 존 챔버스John Chambers 회장은 "『포천』 500대 기업의 40%가 10년 내에 망할 수 있다." 라고 말했다. 실제로 아마존에 의한 오프라인 서점의 몰락이나 넷플릭스에 의한 블록버스터의 몰락처럼 항상 일어날 수 있는 일이 되었다. 이제는 경쟁도 제로섬 게임이 아니다. 기업 내부의 자원만 가지고는 변화의 속도를 따라잡을 수 없게 되었다. 기업은 경쟁과 협력해서 새로운 시장을 창조하거나 고

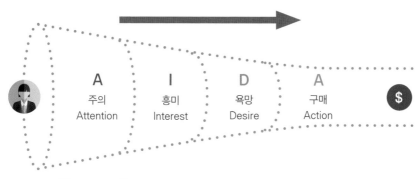

전통 AIDA 모델

객과 협력해야지만 기하급수적 변화를 따라잡을 수 있는 시대
가 되었다.

연결성과 고객 행동의 변화: A4에서 5A로

필립 코틀러 교수는 저서 『마켓 4.0』에서 "연결성은 고객이
남들 앞에서 의견을 표현하게 해준다. 연결성은 고객이 브랜
드를 옹호할 수 있는 완벽한 환경을 창조하고 있다. 연결성으
로 인해 브랜드와 고객의 관계는 이제 수평적이다. (…중략…)
고객은 동료이자 친구이며 수동적 목표물이 아니라 적극적인 커뮤니케이션 미디어이다."라고 얘기하고 있다. 예전의 고객이 개별적 개인이라면 이제는 관계가 반영된 커뮤니티이다. 온라인과 오프라인을 망라한 광범위한 네트워크로 공동 연대해 행동으로 옮기기 때문이다. 이런 연결성은 특히 고객의 구매 경로를 변화시키고 있다.

　지금까지 고객 경로에서 사용되어온 대표적인 모델은 AIDA였다. 고객이 제품을 구매하기까지 인지하고Aware, 흥미를 가지고Interest 욕망하고Desire 하고 구매Act하는 과정을 거친다는 것이다. 이 AIDA 모델에 흥미와 욕망을 합쳐 태도Attitude로 하고 고객의 반복구매Act Again를 넣은 4A 모델을 연결성 이전 시대의 구매 경로 모델로 얘기하기도 한다. 즉 인지Aware - 태도Attitude - 구매Act - 반복구매Act again이다. 이때는 태도가 중요했다. 태도는 한 번 결정되면 바꾸기 쉽지 않았고 그것이 구매와 반복구매로 연결된다는 것이다.

　마케팅은 태도를 바꾸기 위해 엄청난 노력을 기울였다. 그래서 삼성전자 등 글로벌 기업들도 1년에 두 차례씩 브랜드 인지도 조사BAS, Brand Attitude Survey를 하면서 고객의 브랜드에 대한 태도를 조사했다. 그러나 이 모델은 오늘날 연결성의 시각으로 보면 몇 가지가 불편하다.

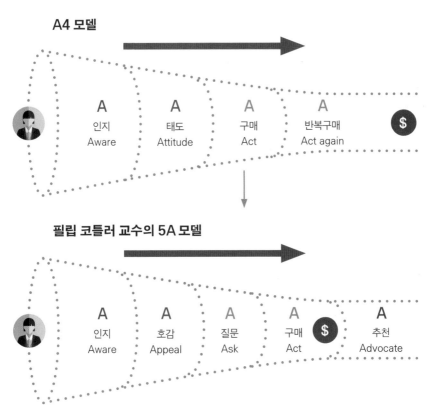

A4 모델

A
인지
Aware

A
태도
Attitude

A
구매
Act

A
반복구매
Act again

$

필립 코틀러 교수의 5A 모델

A
인지
Aware

A
호감
Appeal

A
질문
Ask

A
구매
Act

$

A
추천
Advocate

필립 코틀러 교수의 5A 모델에서 가장 중요한 것은 추천이다. 추천은 질문에 대한 답이 되어 나의 경험을 다른 사람과 연결하는 경험적 연결성이 되기도 하고 커뮤니티 안의 사회적 연결성에 의해 다른 사람의 구매를 촉진하기 때문이다.

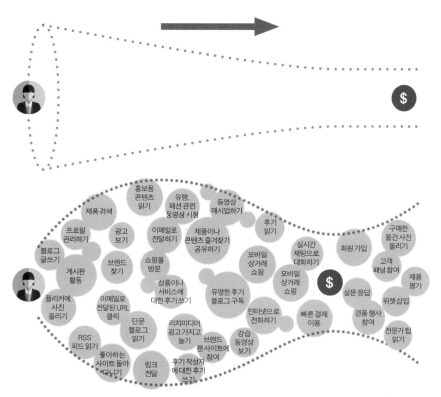

켈리 무니의 구매 물고기 모델 (출처: 켈리 무니·리타 롤린스, 오픈 브랜드, pp. 88~89)

첫째는 인지에서 반복구매에 이르는 과정이 단선적이라는 사실이다. 인지에서 반복구매까지가 일방적인 전후 하나로 연결된다는 것이다. 그러나 고객의 행동 경로는 훨씬 더 복잡한

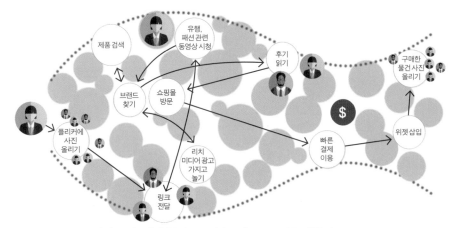

(출처: 켈리 무니·리타 롤린스, 오픈 브랜드, pp. 88~89)

것이 현실이다. 인지 후 행동할 것 같지만 현실은 '행동 전'이 아니라 '행동 후'에도 바뀐다는 것이다. 어떤 결과가 발생하고 나면 그 결과에 대한 당위성을 부여하게 마련이다. 애인과 헤어지고 나면 헤어질 수밖에 없는 단점이 생각나고 어차피 헤어질 수밖에 없었다는 입장을 취한다는 것이다.

둘째는 이 모델은 깔때기 모델이라는 것이다. 인지에서부터 반복구매까지의 숫자가 점차 줄어든다는 사실이다. 요즘 구매 행동에 대해 깔때기 모델보다는 구매 물고기 모델을 많이 얘기한다. 자동차 업종을 사례로 살펴보면 고객들은 자동차를 구매하기 위해 평균 140일 전에 제조사 사이트를 중심으로 검색을 시작하고, 59일 전에 매장을 방문해 자동차를 쇼루밍하고, 그 이후에는 보배드림 등의 중고차 사이트를 주로 방문해 가격을 비교하고 구매 사용 후기를 중심으로 검색 활동을 진행한다. 그리고 다시 전시장으로 가서 시승해보고 가격을 흥정하고 차량 구매를 결정하는 등 구매 경로가 되돌아가기 등의 반복도 많아서 깔때기 모델이 아니라 가운데 탐색과 질문 단계가 불룩한 물고기 모델을 따른다는 것이다.

셋째는 가장 큰 문제인데 고객을 인지의 축적을 통해 태도를 바꿀 수 있는 대상으로 인식하고 있다는 점이다. 그래서 그들은 엄청난 마케팅 캠페인을 통해 고객 태도 변화를 도모했다. 그러나 오늘날 고객은 더 이상 대상인 객체가 아니다. 하나의 주체로서 고객의 적극성을 인정해야 한다. 그래서 필립 코틀러 교수는 4A 대신에 연결성 시대 고객 경로로 5A 모델을 제안했다.

인지Aware - 호감Appeal - 질문Ask - 구매Act - 추천Advocate의 5A가 그것이다. 태도는 호감과 질문으로 바뀌고 반복구매는 추천으로 바뀌었다. 적극적인 고객을 상정하다 보니 질문이라는 항목이 추가되었다. '홍진영 파데'에서 수천 수만 명의 질문을 만든 고객이 그것이다. 또한 연결성 시대의 구매는 사회적 구매를 의미한다. 즉 내가 그 제품을 실제 사지 않아도 사회적으로 그 제품에 대한 추천과 옹호를 할 수 있다. 내가 믿는 친구나 커뮤니티가 그 제품을 옹호하고 추천했을 때 나도 그 제품을 써보지 않았지만 그 제품을 추천하는 것이다.

한국에서 테슬라의 모델 S를 실제 타본 사람은 없다. 그럼에도 많은 사람들이 테슬라 모델 S를 추천한 것이 그것이다. '홍진영 파데'를 품절되게 만든 데도 사회적 구매와 추천의 힘이 컸을 것이다. 필립 코틀러 교수의 5A 모델에서 가장 중요한 것은 추천이다. 추천은 질문에 대한 답이 되어 나의 경험을 다른 사람과 연결하는 경험적 연결성이 되기도 하고 커뮤니티 안의 사회적 연결성에 의해 다른 사람의 구매를 촉진하기 때문이다.[*]

추천을 만드는 마케팅

따라서 연결성 시대 마케팅의 가장 중요한 목표는 고객으로부터 추천을 획득하는 것이다. 기업들은 추천을 위해서 고객

---

[*] 고객을 팬으로 만드는 방법은 3부에서 자세히 다루고 있다.

이 아닌 팬을 만든다는 것을 목표로 해야 한다. 그러기 위해서 고객에게 영향을 주는 세 가지 요소를 잘 통제해야 한다. 사람들은 보통 자신, 다른 사람들, 그리고 외부로부터 영향을 받거나 또는 이들 셋의 상호작용에 의해 영향을 받고 추천 여부를 결정한다.

자신이 주는 영향은 브랜드에 대한 개인적 경험, 판단, 평가이다. 다른 사람들이 주는 영향은 가까운 친구, 가족, 소셜 커뮤니티와 같은 것이다. 외부에서 오는 영향은 말 그대로 기업의 마케팅 커뮤니케이션이나 판매사원과의 접촉과 같은 것이다. 이 세 가지 영향의 정도는 사람마다 다를 수 있다. 어떤 고객들은 개인적 기호가 더 강하고 어떤 고객들은 추천에 의존도가 심하다. 그러나 분명한 것은 이 세 가지 주요 영향은 서로 얽혀 있다는 것이다. 오늘날 연결성의 시대에 정보가 많아진 고객들에게 외부로부터 오는 영향은 가장 영향력이 적지만 그래도 가장 먼저 고객에게 전달되고 다른 사람, 자신 등에 영향을 미친다는 점을 이해해야 한다.

60개국 고객 대상으로 한 2015년 닐슨 조사에 의하면 80% 고객이 가장 신뢰할 만한 영향력의 원천으로 친구나 가족을 꼽았고 66%는 온라인상 다른 사람의 의견이라고 답한다. 그 정도로 다른 사람들, 즉 커뮤니티는 오늘날 가장 큰 영향력의 원천이다. 자신에 가장 크게 영향을 미치는 것은 자신만의 구매 후 경험일 것이다. 이 세 가지 영향력은 5A의 각 단계에서도 그 영향의 정도가 다를 것이다. 구매행동의 시작 단계인 인지나 호감 단계에서는 상대적으로 기업이 주는 외부의 영향이 크게 나타날 것이고 질문과 추천의 단계에서는 다른 사람의 영향이 클 것이다. 그러나 구매가 반복되고 경험이 쌓이고 난 후에는 자신이 주는 영향이 더 클 수 있다.

홍진영 파데 사건은 아마도 그날 〈인생술집〉을 보며 파데의 효과를 직접 목격한 사람들 중 평소 홍진영의 팬이었던 사람들이 홍진영에게 묻고 직접 들은 제품 브랜드를 "야, 너도 그날 그 인생 술집 봤니? 내가 직접 봤는데 그 파데 장난 아니더라. 어쩜 피부색이 그렇게 하나도 안 보이니. 그래서 내가 직접 물어봤는데 이 회사 거래. 나도 주문했는데 너도 한번 써봐라." 라며 시작되지 않았을까? 즉 그 사건은 제품이 아닌 스티키sticky한 스토리(모두가 아는 사람에 관련된 나만이 아닌 얘기)를 자발적 참여를 통해 만들어낸 사람들이 자발적 추천을 통해 확대 재생산한 사건인 것이다. 연결성 시대 기업이 나서서 어떻게 우리 제품, 브랜드의 연결의 구조를 만들고 연결을 강화할지 생각해야 한다. 하지만 가장 중요한 질문은 어떻게 고객들이 '자발적 연결의 역할'을 하게 할지에 대한 고민을 지금 시작해야 한다.

2장

연결성의 역설
: 아날로그적인 카메라 앱 '구닥'의 인기 비결

연결된 시대의 '이상한 일' 세 가지

언제 어디서나 연결된 시대에 시장에서 벌어진 '이상한 일' 세 가지가 있다. 첫째, 오히려 더 외롭다. 아날로그적 상호작용을 갈망한다. 둘째, 두 번의 기회는 없다. 순간에 관심 못 끌면 '끝'이다. 셋째, '안티'도 필요하다. '무플'보다 '악플'이 관심을 끈다.

1회용 필름 카메라를 표방한 '구닥'이라는 유료 앱(응용프로그램)이 인기다. 발표 후 한 달 반 만에 40만 명 이상이 내려받

카메라앱 '구닥'. 스마트폰 사진 한 번에 24장밖에 못 찍는데도 불구하고 유료 앱 1위 등극했다. '구닥다리' 카메라는 '오래되어 낡은' 카메라라는 의미를 가지고 있다. (출처: 구닥 페이스북)

왔고 홍콩과 대만 등 8개국에서 유료 앱 1위를 차지했다. 구닥은 말 그대로 구닥다리 아날로그 카메라를 복제한 앱이다. 사진 24장(필름 한 통)을 다 찍으면 고객은 1시간을 기다려야 다시 사진을 찍을 수 있다. 찍은 사진을 보기 위해서는 사흘을 기다려야 한다. 예전에 사진관을 찾아 '인화'하는 과정과 비슷하다. 이런 제약 때문에 고객들은 한 장 한 장 신중하게 사진을 찍는다. 순간의 찰나를 채집하는 구닥 모멘트Gudak Moment라는 말이 만들어졌다. 고객들은 이렇게 기다리는 설렘을 은근히 즐겼다.

'연결성의 역설'이라는 말이 유행이다. 모바일로 개인들이 언제 어디서나 연결되면서 예상치 못한 현상이 일어난다는 뜻이다. 필립 코틀러 교수가 저서 『마켓 4.0』에서 언급하면서 유명해졌다.

첫 번째 연결성의 역설은 연결돼 있어서 오히려 더 외로운 현상이다. 우리는 많은 SNS에 가입돼 있고 지인들과도 24시간 연결돼 있다. 그러나 그들 간의 소통을 보면서 외로움은 더욱 커진다. 다른 연결로 소통에 몰입하지 못하고 겉돌기도 한다. 그래서 갈수록 아날로그적 상호작용을 갈망하고 충족시켜주는 서비스가 고객에게 감동을 준다.

두 번째는 연결로 인해 더 소통하기 어려워진다는 역설이다. 채널이 많아 고객과 소통하기 더 쉬울 것 같은데 현실은 그 반대다. 연결이 너무나 많다 보니 주의가 산만해서 고객의 시선을 잡아 끌기 어렵다. 미국 국립생물공학 정보센터의 조사에 따르면 인간이 주의를 지속할 수 있는 시간은 8초에 불과하다. 어떻게 소통해야 할까? 우선 스타일과 통찰의 통합이 필요하다. 시각적으로 스타일이 살지 않으면 눈길을 끌지 못하고 통찰력 있는 내용이 아니면 고객을 잡아 두지 못한다. 타이밍도 중요하다. 진실의 순간MOT, moment of truth이라는 말이 있다. 고객이 제품과 서비스를 만나는 첫 번째 순간은 '검색'이다. 그 순간에 독창적인 얘기로 고객을 잡지 못하면 두 번은 없다. 고객은 다시 돌아오지 않는다.

세 번째는 '안티'도 필요하다는 역설이다. '악플'이 '무플'보다 낫다. 연결된 세상에서 고객의 관심은 즉각적이다. 지루하고 무료하면 바로 떠난다. 연결성 시대에는 끊임없이 브랜드와 제품을 고객이 얘기해야 한다. 칭찬 일색의 댓글만 있는 브랜드는 고객의 관심을 끌지 못한다. 재미가 없기 때문이다. 부정적 옹호와 긍정적 옹호의 균형 속에서 브랜드는 더욱 활성화된다. 영국 여론조사 업체인 브랜드 인덱스는 "스타벅스는 좋아하는 사람이 30%와 싫어하는 사람이 23%로 어느 정도 균형을 맞추고 있다"며 "싫어하는 사람은 좋아하는 사람을 활성화하는 필요악이다."라고 설명했다. 부정적 옹호가 없다면 브랜드에 대한 대화는 무료하고 시시해진다는 얘기다.

'나이키 플러스Nike+'라는 앱이 있다. 나이키는 이 앱을 통

나이키는 나이키 플러스 앱을 통해 고객들이 달린 거리와 속도를 기록하고 친구들과 비교하도록 유도했다. 끊임없이 제품과 브랜드를 얘기하는 장을 제공한 것이다.

해 고객들이 달린 거리와 속도를 기록하고 친구들과 비교하도록 유도했다. 끊임없이 제품과 브랜드를 얘기하는 장을 제공한 것이다.

4차 산업혁명으로 연결은 더 강화되고 이런 역설은 점점 더 일반화할 것이다. 이런 역설을 이해하고 관리할 수 있는 통찰을 가진 기업이 경쟁 우위를 차지할 것이다. 스타일과 통찰이 결합된 스토리를 통해 고객과 소통하고 부정적 옹호와 긍정적 옹호의 균형과 관리를 통해 살아 있는 브랜드를 창조할 때 경쟁 우위를 유지할 수 있다.

3장

연결성의 구조
: 드라마 〈김비서가 왜 그럴까〉의 성공 비결

〈장면1〉 30대 직장인 A는 화장품 'H'를 사용한다. 배우 전지현을 모델로 한 광고가 너무 마음에 들어 유튜브를 찾아보기도 한다. H 브랜드의 음악과 색감과 '차가운 도시 여자'라는 콘셉트와 전지현이 너무 잘 어울린다고 생각한다. A는 이 광고로 H의 로열 고객이 됐고 본인도 '차도녀'가 되고 싶다는 바람을 가지게 됐다. 이 제품은 히트상품이 되었다.

〈장면2〉 20대 대학생 B는 자연주의 화장품 'R'을 사용한다. R은 공장을 키친으로 표현한다. 합성 방부제를 최대한 적게 사용하고 생과일의 먹을 수 있는 부분만 발라내 갈거나 즙

드라마 〈김비서가 왜 그럴까〉의 제작발표회 (출처: tvN)

을 내 제품에 그대로 넣은 제품이 많다. 그 흔한 스타 마케팅도 하지 않는다. B는 이 제품의 친환경이라는 가치와 그 가치를 실천하는 진정성에 끌려 해당 제품만 쓴다.

〈장면3〉 20대 후반 직장인 C는 얼마 전 유명 연예인 H가 론칭한 화장품을 구매했다. 2018년 3월 그가 출연한 예능 프로그램을 보다가 중간에 맥주를 마시는 장면이 있었다. 그런데 그의 몸은 새빨개졌지만 얼굴은 변함이 없는 걸 보고 관심을 갖게 됐다. H가 무슨 파운데이션을 사용하는지 유튜브를 찾아 알아낸 뒤 주변에 관련 정보를 공유했다. 이후 H가 직접 화장품을 만들었다는 얘길 듣고 당연히 사용해야겠다는 생각

에 구매했고 사용 후엔 적극적으로 주변에 제품을 권할 생각
이다.

산업혁명별 마케팅 변화

위의 세 장면은 제품을 히트시키는 측면에서 각각 다른 접
근 방식의 마케팅 기법을 보여준다. 이들 마케팅 기법은 매출
과 브랜드 인지도 제고 측면에서 효과적이다. 여기에서 살펴
볼 부분은 각 마케팅 방법론의 의미와 우리가 지향해야 할 방
향이다.

각 방법론의 의미를 알기 위해서는 사물과 현상의 맥락을
이해해야 한다. 마케팅은 고객 니즈의 충족을 목적으로 하는
상품과 서비스의 제공이다. 따라서 상품과 서비스의 공급과
소비 대상인 고객에게 엄청난 영향을 미친 산업혁명의 관점에
서 각 마케팅의 의미와 방법을 이해할 수도 있다.

'마케팅 1.0 시대'는 마케팅이 필요 없는 시대라고 할 수 있
다. 1차 산업혁명, 즉 증기기관의 발명에 따라 처음으로 개인
의 자급자족을 넘어선 상품이라는 개념이 생기기는 했지만 수

산업혁명의 진화 및 마케팅의 진화

구분	1차 산업혁명 (18세기)	2차 산업혁명 (19~20세기 초)	3차 산업혁명 (20세기 후반)	4차 산업혁명 (2015년~)
산업혁명 진화	증기기관 기반의 기계화 혁명	전기 에너지 기반의 대량생산 혁명	컴퓨터와 인터넷 기반의 지식정보 혁명	사물인터넷, 사이버물리시스템, 인공지능 기반의 만물 초지능 혁명
	증기기관을 이용한 방적기 발명으로 영국의 섬유공업 거대 산업화	공장에 전력이 보급되어 벨트 컨베이어를 사용한 대량 생산보급	인터넷과 스마트 혁명으로 미국 주도 글로벌 IT 기업 부상	사람, 사물, 공간을 초연결, 초지능화해 산업구조 사회 시스템 혁신
마케팅	필요 없음	차별화	자기답게	연결

(출처: 정보통신기술진흥센터 자료 재구성)

요에 비해 공급이 턱없이 부족한 시대였다. 만들어놓으면 팔리는 시대였던 만큼 고객의 니즈를 파악해 가치를 제공하려는 노력이 필요 없었다. 공급자 중심의 시대로 만들어놓으면 팔리는 시대였다. 마케팅이 필요 없는 시대, 그것이 마케팅 1.0의 시대다.

'마케팅 2.0의 시대'에는 2차 산업혁명, 즉 전기 혁명으로 대

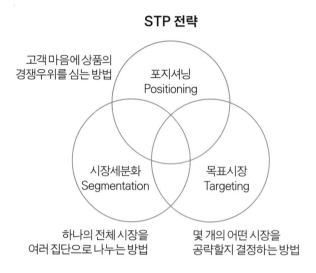

STP 전략

고객 마음에 상품의
경쟁우위를 심는 방법

포지셔닝
Positioning

시장세분화
Segmentation

목표시장
Targeting

하나의 전체 시장을
여러 집단으로 나누는 방법

몇 개의 어떤 시장을
공략할지 결정하는 방법

량생산이 가능해졌다. 그 덕분에 제품이 넘쳐나고 제품 간 경
쟁이 치열해졌다. 고객은 각각의 니즈를 만족시키는 많은 제품
중 선택해야 했다. 이때 고객의 선택을 기다리는 많은 제품 중
차별화는 필수였다. 차별화를 위해 '다르다'는 가장 중요한 요
소였다. STPSegmentation Targeting Positioning를 통해 다른 포
지션을 찾는 것이 마케터의 역할이었다. 사람들의 마음속 시장
에 자리잡기 위해서는 달라야 했기 때문이다. 제품의 차별화가
어렵다면 이미지라도 달라야 했다. 이 제품의 사용을 통해 나
도 '차도녀'가 될 수 있다는 고객이 선망하는 이미지를 만들고

그렇게 될 수 있다는 믿음을 줘야 했다. 바로 〈장면1〉이 그것이다. 우리 제품을 통해 고객에게 제품 이상의 가치를 제공해야 했다. 나음보다 '다름'이 핵심이었다.

'마케팅 3.0의 시대'에는 3차 산업혁명으로 컴퓨터와 인터넷의 바다가 열리면서 사람들 사이에 정보화 혁명이 일어났다. 사람들의 지식은 거의 무한히 확장됐다. 굳이 제품의 이미지나 마케팅을 통해 우리가 다르다고 얘기하는 것이 필요 없거나 불가능해졌다. 이미지가 아닌 실체에 대해 사람들이 판별할 수 있는 시대가 된 것이다. 제품과 서비스를 넘어 특정 기업이 어떤 가치를 지향하는지, 그것을 얼마나 진정성 있게 제공하는지가 중요해졌다. 사람들은 해당 제품이 자신을 얼마나 차별화해주는지보다 얼마나 '자기답게'를 표현해주는지를 더 중요하게 생각하기 시작했다. 〈장면2〉가 그것이다. 다름보다 '자기다움'이 핵심이다.

'마케팅 4.0의 시대'는 연결의 시대다. 4차 산업혁명과 연관돼 있다. 4차 산업혁명 시대의 특징을 초연결에 의한 초지능의 시대라고도 한다. 수많은 사물인터넷에 의해 빅데이터가 생성되고 해당 빅데이터에 기반해 인공지능이 최적의 결정을 하는 시대다. 이 시대를 특징하는 단어가 연결이다. 우리는 엄청나게 연결돼 있다. 페이스북, 인스타그램, 트위터, 밴드, 단톡방 등을 통해 개인은 세계와 연결됐다. 우리는 〈장면 3〉을 통해 연결의 힘을 알 수 있다. 자신의 질문을 통해 자신이 특정 제품의 개발에 참여하게 되고 그 제품의 마케팅에도 개입한다. 제품을 만드는 기업은 자기 질문을 통해 자기가 알고 있는 많은 지인들, 즉 자신의 세상과 연결된다. 자기다움보다 '연결'이 중요하다.

연결성의 구조를 만들어라

지금까지 마케팅의 진화를 산업혁명과 연계해 살펴봤다. 굳이 진화라는 표현을 사용한 이유는 일견 공존하고 있는 것처럼 보이지만 적자생존이라는 관점에서 마케팅의 지향점을 분명히 하기 위해서다. 물론 다름과 다움을 배척할 필요는 없다. 특히 다움은 오늘날 연결성 시대 마케팅 성공의 필요조건이다. 하지만 충분조건으로서 '연결'이 없다면 필요조건은 무의미하다. 연결성 시대의 가장 큰 가치는 연결을 만드는 힘이다. 그러면 연결성은 어떻게 만들까?

「김비서가 왜 그럴까」 웹툰 표지와 드라마 포스터

첫째, 연결성의 구조context를 만들어야 한다. 연결성의 구조는 사람들이 쉽게 연결에 참여하게 하고, 연결의 가치를 알게 하고, 연결성의 네트워크 속에 머무르게 하고, 그리고 그 연결성을 다른 사람들과 공유하라는 것이다.

2019년 7월 종영된 〈김비서가 왜 그럴까〉라는 제목의 케이블 채널 드라마가 있었다. 재력, 외모, 수완 등 모든 것을 다 갖춘, 자기애로 똘똘 뭉친 나르시시스트 부회장과 그를 완벽하게 보좌해온 비서의 '퇴사 밀당 로맨스'였다.

마지막회 시청률이 최고 10.6%를 기록해 지상파를 포함한 전 채널 동 시간대 1위를 기록했다. 드라마의 성공 요인은 남녀 주인공의 환상적 호흡 덕분이었다. 또한 2018년 6월 기준 540만 명이 보고 있던 카카오 페이지 속 동명 웹툰과의 높은 싱크로율 때문이라는 분석도 나온다.

카카오 페이지는 처음에 무료 5회, 20회 제공 등을 통해 고객이 쉽게 그 연결의 플랫폼에 들어가도록 한다. 고객이 들어가는 순간 '지금 50만 4,000명이 보는 소설' 등의 문구로 추천해 자연스럽게 구독을 시작하게 만든다. 그리고 매회 읽고 있는 소설에 달린 다른 사람의 댓글을 보여주며 재미를 더한다. 자신의 댓글을 통해 다른 사람에게 자기가 느낀 매력 포인트를 전달하기도 한다.

카카오 페이지는 또한 무료 혜택이 끝나면 '지금 받을 수 있는 캐시는 34만 8,900원' 등의 문구를 통해 공짜로 볼 수 있는 방법을 알려준다. 더 나아가 고객에게 '하루 기다리면 무료'라는 메시지를 보내 계속 플랫폼에 머무르도록 한다.

카카오 페이지는 이런 연결의 힘을 통해 급격하게 성장하고 있다. 가입자는 2017년 누적 1,000만 명에서 2019년 2,200만 명이 넘었다. 매출은 2012년 17억 원이었는데

2019년 3분기에만 901억 원으로 껑충 뛰었다.

한 명에게 오롯이 집중해라

연결을 만드는 둘째 방법은 '지금 이 순간 오직 한 사람에게 집중해야 한다'는 점이다. 한 사람이면 충분하다. 한 사람이 세계와 연결돼 있기 때문이다. 그 한 사람을 어떻게 잡을 것인지가 중요하다.

아마존의 자회사이자 온라인 신발 판매 업체인 자포스의 순추천고객지수NPS는 90점이 넘는다. 10명 중 9명 이상의 고객이 자기 주변의 사람을 자포스로 연결시킨다는 것이다. 이유는 자포스가 항상 오롯이 한 사람에게 집중하기 때문이다.

자포스는 고객 대상 콜센터를 '콘택트 센터contact center'란 이름으로 운영한다. 이 콜센터에서는 아무런 방해를 받지 않고 전화로 고객과 5~10분 정도 이야기할 수 있는 곳이다. 고객을 뭉뚱그려 단순히 고객으로 정의해버리면 5~10분간 통화할 수 없다. 한 사람 한 사람에게 집중해 얘기할 때 개인적 또는 감정적 유대감을 쌓을 수 있다. 고객의 어머니가 사망했다는 이야기에 같이 눈물을 흘리며 꽃을 보내주기도 하고 때로는 슬픔에 잠긴 고객과 10시간 이상 통화할 수도 있다.

아마존과 자포스는 물류센터도 단순 배송센터가 아닌 '풀필먼트 센터FC, Fulfillment Center*'라고 표현한다. '만족스러운 고객의 주문 처리'를 뜻한다. 대부분의 온라인 거래 업체들은 재고를 보유하지 않고 고객 주문이 들어오면 고객의 주문을 제조업체로 던져버린다. 거기에는 주문만 있지 '사람'이 없다. 자포스는 제품을 구매해 재고를 보유하고 있다가 고객이 주문하면 바로 배송한다. 물류비용과 재고비용이 더 들지만 오롯이 고객 한 사람에게 집중해 그의 주문을 이행한다는 생각으로 접근하기 때문에 가능한 일이다.

셋째는 고객이 참여할 수 있도록 해야 한다. 연결의 시대에 고객은 연결의 객체이자 주체다. 소비하는 사람이지만 생산자가 되기도 한다. 고객이 생산자 또는 연결의 주체로서 기여하고 참여할 부분을 남겨둬야 한다는 것이다.

노스웨스턴 대학 켈로그 경영대학원의 필립 코틀러Philip

---

* 아마존에서는 원래 물류센터Distribution Center로 불렸지만 2인자로 불리는 제프 윌크Jeff Wilke가 1999년에 이사로 부임하면서 풀필먼트 센터로 변경했다.

Kotler 석좌교수는 저서 『마켓 4.0』에서 고객의 참여를 활성화하기 위해 제품은 공동 창조Co-Creation, 가격은 참여에 따라 가격이 변하는 통화Currency, 유통은 공동체 활성화Communal Activation, 프로모션은 고객과의 대화Conversation 등 이른바 '4C'를 제안한 바 있다.*

샤오미 성공의 요체도 바로 고객의 참여에 의해 완전해지는

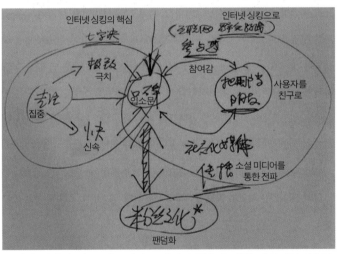

레이쥔 회장의 메모. 샤오미의 고객자산 구축에 대한 아이디어. (출처: 리완창, 참여감, p. 20, 와이즈베리)

---

* 4C에 대해서는 3장에서 자세히 다루고 있다.

샤오미 레이쥔 회장이 스마트폰을 소개하고 있다. 마치 팬들 앞에 등장한 스타 같다.

미유아이MIUI 인터페이스다. 미유아이는 소프트웨어 플랫폼이자 고객참여의 장이다. 처음부터 샤오미의 레이쥔 회장이 공동설립자이자 부회장인 리완창에게 "돈을 쓰지 않고 100만 명이

미유아이를 쓰게 할 수 있을까?" 하는 질문에 따라 100명의 슈퍼 유저를 발굴해 피드백을 받는 데서 출발했다. 이들 슈퍼 유저는 1년 후 50만 명이 됐고 2014년 기준 2,000만 명이 됐다. 샤오미는 일종의 연예인과 같은 팬덤 문화를 만들어낸 것이다.

레이쥔 회장은 말한다. "우리는 스마트폰을 파는 것이 아니라 참여 의식을 파는 회사다." 슈퍼 유저가 "샤오미 폰은 내가 만든 폰이다."라고 말할 정도로 애착을 가지고 홍보 마케팅을 하다 보니 매출 대비 2% 이하의 마케팅 비용 정도만 쓰고도 7~8%를 쓰는 기업과 대결할 수 있다. 이것이 샤오미가 가성비를 유지할 수 있는 비결이다.

참여의 보다 구체화된 형태로 커뮤니티 얘기를 하고 싶다.

커뮤니티를 만들어라

초연결성 시대 추천을 만드는 마케팅의 첫 단추는 바로 커뮤니티이다. 그리고 그 커뮤니티의 시작은 진정성 있는 목적과 소수의 핵심인력과 지속적인 콘텐츠, 즉 떡밥의 제공이다.

첫 번째 단추는 공감을 일으킬 수 있는 선명한 목적의 설정

빌보드 1위를 한 '방탄소년단'은 멤버 일곱 명이 한 계정을 사용하면서 지금까지 엄청난 트윗을 올렸다.

이다. '오이를 싫어하는 사람들의 모임'과 같은 선명하면서 동질감을 일으키는 목적이다. 목적이 너무 작지 않을까 또는 동조자가 적지 않을까 염려하지 마라. 니치Niche 법칙이라는 것이 있다. '우리는 혼자가 아니다.'라는 아이디어다. 이것은 4차 산업혁명 시대이자 연결성 시대의 가장 두드러진 특징 중 하나다. 우리가 깊은 열정을 느끼는 것이 아무리 괴짜 같은 생각이라 해도 똑같은 열정을 느끼는 사람이 아주 많다는 얘기다. '오싫모'를 생각해봐라. 그 커뮤니티 구성원들의 얘기를 들어보면 세상에 오이를 싫어하는 사람은 나밖에 없는 줄 알았다는 얘기가 많다.

두 번째 단추는 소수의 열정을 가진 핵심 인력이다. 커뮤니티를 만들다 보면 특히 초기에는 규모에 집착하게 된다. 그러나 초기에는 동질성 및 소속감과 열정을 가진 소수의 핵심 인력이 훨씬 중요하다. 다수에게서 작은 가치를 얻지 말고, 소수에게서 최대의 가치를 얻는 방식이다. 현재 미국 전역에 셰릴 샌드버그Sheryl Sandberg가 만든 린인 서클의 지부가 1만 5,000개나 있다. 여기에서 중요한 것은 소속감이다. 사람들은 공유하는 것이 많아 동질감이 충분할 때 비로소 소속감과 유대감을 느낀다.

세 번째는 목적에 부합하는 진정성 있는 콘텐츠의 지속 공급이다. 빌보드 1위를 한 '방탄소년단'은 멤버 일곱 명이 한 계정을 사용하면서 지금까지 엄청난 트윗을 올렸다. 방탄소년단의 풍부한 팬덤 형성의 요인으로 이 풍성한 떡밥을 꼽는다. 트윗이 하나 올라오면 10만~20만 개의 리트윗이 쌓인다. 대표적 한류스타 지드래곤에 비해 팔로어 수는 적지만 트윗과 리트윗 수는 더 많다고 한다. 연결성 시대의 핵심은 '공감이 가는 진정성 있는 이야기는 한계비용 제로'로 무한히 퍼져 나간다는 것이다.

마케팅은 진화한다. 진화의 의미는 적자생존이다. '나음' '다름'이 아닌 '다움'과 '연결'이 중요하다. 이제 우리는 어떻게 고객과 연결을 만들고 강화하고 그 최초연결을 확대해 재생산할지 고민해야 한다.

4장

연결성의 확산
: 고객참여와 고객 획득에서 닥공이 답이다

'닥공'이라는 얘기를 들어봤는지? 원래 이 말은 전북 현대 최강희 감독의 공격적 축구 스타일 '닥치고 공격'을 이야기하는 말이었다. 최근에는 LPGA에서 맹활약을 떨치는 박성현 선수의 공격적 골프 스타일을 이야기하는 말이기도 하다. 그러나 최근 이 말은 다른 의미로 쓰이고 있다. '닥치고 공짜'가 그것이다.

'토스'라는 핀테크 앱이 있다. 밥값 n분의 1로 대표되는 간편 송금에서부터 신용관리와 금융 상품 판매 중개 등을 무료로 제공하는 앱이다. 이 앱은 다른 금융사는 유료인 이 서비스들의 무료 제공으로 '닥치고 공짜'이다. 2015년 2월 서비스개시 이후 40개월 만에 가입자가 800만 명을 넘어섰다. 애니메이션 강국 일본에서 2018년 3월에 출시해서 1년 만에 일본 애니메이션 시장 3위로 올라선 카카오의 '픽코마'라는 웹툰 플랫폼이 있다. 이 앱의 성공 비결도 일종의 '닥공'이다. 이 앱은 기다리면 공짜라는 콘셉트를 적용해 인기를 끌고 있다. 웹툰의 다음화를 바로 보고 싶으면 돈을 내야 하지만 하루이틀을 기다리면 무료로 볼 수 있다는 것이 화제가 되어 인기를 끌고 있다.

고객 한 명의 가치

왜 이렇게 기업들이 공짜를 향해 달려갈까?『프리Free』의 저자 크리스 앤더슨Chris Anderson은 세상에는 공짜와 공짜가 아닌 두 가지 가격이 있다면서 완전히 다른 모습의 시장을 만든다고 주장했다. 서울대 경영대 노상규 교수는『오가닉 비즈니스』에서 "우리는 경제적으로는 거의 의미가 없을 정도로 낮은 가격(예를 들어 100원)이라도 돈을 지불해야 하는 경우에는 사고자 하는 제품과 서비스가 충분한 가치가 있는가를 생각하게 된다."라고 말했다. 이를 심리적 거래비용mental transaction cost이라고 한다. 이러한 심리적 비용 때문에 0원과 100원의 차이가 100원과 1만 원의 차이보다 더 크다고 한다.

결과적으로 가격이 0일 때의 수요는 가격이 아주 저렴할 때의 수요의 몇 배 몇 십 배에 달하게 되는 것이다. 즉 기업들이 공짜에 집착하는 이유는 바로 이 고객의 획득과 참여의 크기 때문이다. 그럼 왜 예전에는 이렇게 공짜를 통한 고객 획득과 참여에 공을 들이지 않았을까? 아마 그 당시는 고객 한 명 한 명의 참여로부터 얻는 이익이 공짜에 들어가는 비용을 상쇄하지 못했기 때문일 가능성이 크다.

그러나 연결성 시대가 되면서 이제는 고객 한 명 한 명의 가치가 달라졌다. 이제 고객 한 명 한 명은 온전히 세계와 연결되어 있다. 그러다 보니 그들의 연결의 가치가 훨씬 더 커졌다. 나는 페이스북에 몇백 명의 친구가 있고 카카오에도 비슷한 수의 친구가 있다. 페이스북에서 내가 어디를 갔고 무슨 행동을 했는지 실시간 공유된다. 나의 참여는 내가 말하지 않아도 내 지인과 친구들에게 나의 추천이 된다. 『오가닉 미디어』의 저자 윤지영 박사의 얘기처럼 나는 연결이고 네트워크이고 다른 사람의 콘텍스트이다.

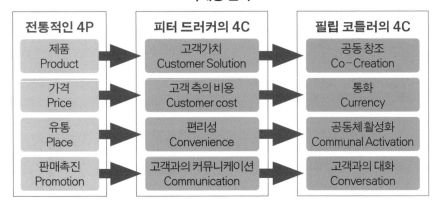

마케팅 변화

전통적인 4P	피터 드러커의 4C	필립 코틀러의 4C
제품 Product	고객가치 Customer Solution	공동 창조 Co-Creation
가격 Price	고객 측의 비용 Customer cost	통화 Currency
유통 Place	편리성 Convenience	공동체 활성화 Communal Activation
판매촉진 Promotion	고객과의 커뮤니케이션 Communication	고객과의 대화 Conversation

고객참여의 방법

'공짜' 외에 고객들의 참여를 활성화시킬 어떤 방법이 또 있을까? 마케팅에는 가격을 포함한 4P라는 개념이 있다. 제품Product을 만드는 것부터 제품에 맞는 가격을 결정하고 Price 제품을 고객에게 유통하고Place 마지막으로 판매촉진 Promotion이 그것이다. 이런 4P에 대해 마케팅의 대가인 필립 코틀러 교수는 연결성의 혁명으로 소극적이고 수동적인 고객이 적극적이고 사회적인 고객으로 변했고 이러한 관점에서 수동적인 고객을 전제로 한 4P가 고객참여를 좀 더 활성화시키는 방향으로 다시 변해야 한다고 주장했다. 바로 4C가 그것이다. 이제는 고객 중심의 적극성과 주도성의 개념 아래 기업이 만드는 제품은 고객과의 공동 창조Co-Creation로, 가격은 환율처럼 가치가 수요와 공급에 따라 계속 변하는 통화Currency로, 유통은 에어비앤비처럼 나의 경제적 활동이 바로 내 이웃의 자산을 활용한 공동체 활성화Communal Activation로 바뀌어야 된다고 얘기한다. 그리고 판매촉진은 고객과의 대화Conversation로 변해야 한다는 것이다. 필립 코틀러가 얘기한 4C의 의미와 사례를 고객의 참여의 관점에서 하나씩 살펴보자

첫 번째는 공동 창조이다. 공동 창조와 관련 대표적인 기업으로 로컬 모터스가 있다. 2007년 제프 존스와 제이 로저스가 피닉스에 설립한 회사이다. 그들은 회사 설립 후 1년 반 동안 디자인 스쿨과 협회를 찾아 다니며 자신들의 열정을 공유하고 전파하며 디자인 커뮤니티를 구성하는 일을 했다. 그 후 첫 번째 자동차의 디자인을 공모한다. 로컬 모터스의 첫 번째 자동차 랠리파이터의 최종 디자인은 100개국이 넘는 서로 다른 국가 출신 2,900명의 커뮤니티 구성원들이 내놓은 3만 5,000

로컬 모터스의 첫 번째 차량 랠리파이터

개의 디자인이 합쳐진 결과물이다. 이 과정에서 커뮤니티 구
성원들은 디자인을 내지 않더라도 보팅의 과정을 통해 아이디
어 개선에 참여하고 협업하게 된다.

이 랠리파이터의 구매자가 되는 과정도 재미있다. 약 9만
9,000달러 정도 들어가는 랠리파이터의 주인Owner이 되기 위
해서는 비용을 지불한다고 되는 것이 아니다. 최소 2주간 금,
토, 일을 랠리파이터가 만들어지는 가까운 마이크로 팩토리에
가서 제작에 참여해야 한다. 2016년 기준 로컬모터스 커뮤니
티는 4만 3,100명이, 프로젝트 31개, 디자인 6,000개, 아이디

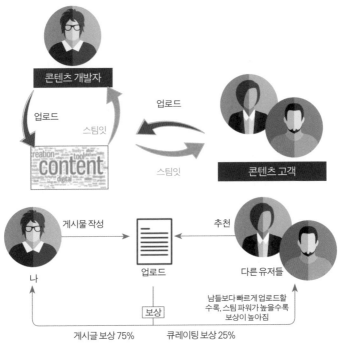

콘텐츠 개발자

업로드

업로드

스팀잇

스팀잇

콘텐츠 고객

게시물 작성

추천

업로드

나

다른 유저들

남들보다 빠르게 업로드할
수록, 스팀 파워가 높을수록
보상이 높아짐

보상

게시글 보상 75%

큐레이팅 보상 25%

스팀잇은 추첨을 통해 보상받는 구조이다. (출처: KB경영연구소)

어 2,000개를 가지고 함께 작업하고 있다. 이렇게 나온 디자인은 오픈소스 형태로 공개된다. 결과적으로 랠리파이터는 기존 거대 자동차 회사들의 개발 프로세스보다 5배나 빠른 1년 반 만에 제조됐다. 개발비용도 100배 저렴한 300만 달러밖에 들지 않으면서 공동 창조의 힘을 보여주게 된다. 로컬 모터스의 제작 과정은 개발비와 기간이라는 측면에서 공동 창조의 힘을 보여준다. 하지만 사실 더 큰 힘은 바로 연결의 가치이다. 자동차가 만들어지는 전체 과정을 오픈함으로 단계별로 많은 사람들이 참여할 수 있었다. 그들 한 명 한 명은 그들의 세계에 로컬 모터스를 가져오는 네트워크의 역할을 했다.

두 번째는 통화이다. 호텔이나 항공권 가격처럼 고객참여를 활성화시키기 위한 탄력적 가격제라는 개념으로 생각할 수 있다. 사실 이 모델은 고객참여라는 측면에서 훨씬 더 다양하게 발전하고 있다. '닥공(닥치고 공짜)'도 이미 이야기했지만 요즘 대부분의 온라인 게임처럼 기본은 무료이고 아이템 구입에 비용을 지불하게 하는 방법이나 유튜브처럼 기본은 무료지만 유튜브 레드라는 프리미엄 버전을 만들어 비용을 지불하게 하는 등 고객참여를 강화하기 위한 가격 전략은 확실히 진화하고 있다. 더욱이 최근에는 무료를 넘어 참여만으로 보상을 주는 스팀잇이라는 사이트마저 생겼다. 페이스북처럼 내가 올린 글에 대해 보상을 받는 것뿐 아니라 내가 누른 '좋아요'에 대해서도 보상을 받는 식이다.

세 번째는 커뮤니티이다. 고객을 유통의 과정에 참여시키라는 이야기이다. 이제는 제품을 만들고 가치를 결정하고 거기

스타벅스 캠페인 '스타벅스에서 나를 만나다Meet me at Starbucks'.
2014년 9월 29일 전세계 28개국 59개 스타벅스 매장에 온 고객들의
이야기를 미니 다큐멘터리로 만들어 웹사이트에 올려놓았다.

에 제품을 전달하는 유통에 고객을 커뮤니티에 참여시키라는
이야기이다. 에어비앤비는 가장 전형적인 사례이다. 에어비앤
비는 단순한 방을 빌려주던 호텔업의 가치를 넘어 빈 방에 그
방주인의 경험과 세월을 담음으로써 여행에서 맞이하는 숙소
를 '우리 집'처럼 여길 수 있게 만들었다. 에어비앤비의 숙소는
마치 그들의 표현을 빌리자면 "그곳에서 오래 살아왔던 것처
럼 메뉴가 필요 없는 카페, 긴 골목 끝에 숨겨진 클럽, 가이드

북에 나타나지 않는 미술관을 찾을 수 있는 곳"이다. 즉 유통의 과정에 판매자로서의 고객과 그가 속한 커뮤니티를 참여시킴으로써 세상 어디에도 없는 경험을 창조했다. 다시 그 경험에 구매 고객들의 경험이 얘기로 더해져 그 집은 하나의 상품이 아닌 네트워크가 되고 연결이 되는 것이다.

유튜버와의 대화

마지막 네 번째는 프로모션이 아닌 고객의 참여를 활성화시킬 수 있는, 아니 고객의 참여를 전제로 한 대화Conversation이다. 2014년 스타벅스가 제작한 기업 광고가 화제를 모았다. 일방적으로 자신의 이야기를 강요하는 것이 아닌. 2014년 9월 29일 전세계 28개국 59개 스타벅스 매장에 온 고객들의 이야기를 미니 다큐멘터리로 만들어 웹사이트에 올려놓은 일종의 기업 광고였다.

부에노스아이레스 스타벅스 매장의 청각 장애인 모임에서 친구를 찾은 이야기, 두바이 스타벅스 매장에 스크랩 북을 만들기 위해 온 두 여인의 이야기 등 59개의 매장 59개의 이야기들은 고객들 본인이 좋아하는 이야기들을 찾고 공감하고 거기에서 본인만의 스타벅스의 의미를 찾도록 제작되었다.

이 미니 다큐멘터리를 모아놓은 웹사이트에 많은 고객들이 접속하고 또 그들만의 스타벅스의 이야기를 더함으로써 경험은 풍성해지고 연결은 강화되었다. 때에 따라서 기업들은 고객과 직접 대화하기보다는 고객에게 친숙한 사람을 가운데 두고 고객과 대화할 수 있다.

유튜버의 대표적인 뷰티 인플루언서로 145만 명의 팬을 가지고 있는 '씬님'이 있다. 그녀는 화장법을 유튜브에 올리면서 주로 언제 어떤 화장을 하는지를 얘기한다. 그녀의 유튜브 방송을 보면 제품에 대한 얘기는 별로 없다. 예를 들어 할로윈 데이에는 이런 화장을 해야 하는데 이런 효과를 내기 위해서는 이러 화장품이 써보니 나쁘지 않더라는 식으로 툭 치고 나간다. 제품은 부차적인 것이고 화장법을 이야기하는 중에 제품은 쓱 보여지는 정도로 흘러간다. 그래도 고객들은 이 영상에 열광한다. 이런 정도로만 해도 제품의 판매는 충분하다는 것이다. G마켓에서 대도서관과 씬님 등 유튜브 스타들을 모아놓고 제품 판매전을 열었는데 평소보다 매출이 큰 폭으로 뛰었다고 한다.

씬님의 수정 메이크업 파우치 편!

(위) 대도서관 (아래) 씬님. G마켓에서 대도서관과 씬님 등 유튜브 스타
들을 모아놓고 제품 판매전을 열었는데 평소보다 매출이 큰 폭으로 뛰었
다고 한다. (출처: 유튜브 캡처)

　　이제 연결성 시대에 고객 한 명은 온세상과 연결되어 있고
참여를 통한 연결의 가치는 기업이 지불해야 하는 그 어떤 비

용보다 클 수 있다는 것이다. 따라서 제품을 만들고 가치를 결정하고 제품을 전달하고 알리는 마케팅의 4P도 연결을 강화할 수 있는 고객참여를 활성화시키는 방향으로 진행되어야 한다.

5장

경험에서 연결로
: 왜 애플은 스토어를 버렸을까

경험에서 상상으로

매장에서 광장으로

2017년 9월 13일 애플은 WWDC 2017 신제품 발표회를 열고 새로운 제품들을 발표했다. 이중에서도 가장 큰 제품은 5.8인치의 아이폰 X가 아닌 '애플 스토어'였다. 애플은 그동안 성공적으로 성장해온 애플 스토어라는 기존 이름을 과감히 버리고 '타운스퀘어'라는 새로운 브랜딩을 론칭했다. '매장'을 '광장'으로 바꾼 것이다. 애플의 리테일을 책임진 안젤라 아렌

애플의 리테일을 책임진 안젤라 아렌츠가 타운스퀘어의 디자인을 설명하고 있다. 애플은 매장이 아닌 커뮤니티 광장을 꿈꾸고 있다. (출처: 애플)

츠Angela Ahrendts 수석부사장은 이 타운스퀘어에 대해 가장 큰 제품이라고 자랑스럽게 소개했다.

그러나 사실 안젤라 아렌츠는 이미 2017년 5월에 '투데이 앳 애플 프로그램Today at Apple Program'을 발표할 때 타운스퀘어를 언급했다. 투데이 앳 애플 프로그램을 통해 지금까지의 스토어 운영 경험을 진화시켜 지역의 사람과 기업들에게 좀 더 잘 봉사하는 현대적 의미의 '타운스퀘어'를 만들고 싶다고 얘기했다. 동시에 '크리에이티브 프로Creative Pro'라는 새로운 직군을 만들었다. 그들은 테크놀러지 중심의 지니어스에 대응되는 한 가지 이상의 '아트Art'에 전문성을 가진 인력이다. 그들은 고객들이 제품의 기술을 이해할 수 있도록 쉬운 언어로 커뮤니케이션하고 가르쳐주고 아트적인 욕구를 스스로 표현하게 도와주는 역할을 한다. '투데이 앳 애플 프로그램'은 사진Photo, 음악Music, 코딩Coding, 아트Art, 디자인Design 등 여러 코스로 구성된다.

특히 흥미로운 것은 전망과 성과Perspectives and Performances로서 아티스트나 뮤지션들이 자기들의 일하는 방법과 삶에 대해서 이야기를 나누는 코스이다. 한국의 NCT 127이 뉴욕 브루클린 애플 스토어의 투데이 앳 애플에 참여해 자신들의 이야기를 현지 팬들과 공유한 적이 있다. 애플의 타운스퀘어 발표는 갑작스럽기보다는 일련의 리테일 정책 변화의 연장선상에서 한 단계 더 구체화되었다는 의미로 이해하는 것이 좋을 듯하다.

플랫폼이 기본적인 비즈니스 모델은 아니지만 플랫폼(네트워크 효과가 있는 개방형 양면시장의 구성)을 기업 활동의 여러 분야에 적용하여 핵심 경쟁력으로 만든 기업들이 있다. 애플은 처음 PC 제조업으로 시작했지만 MP3를 만들 때 아이튠즈라는 플랫폼을 통해 기기+콘텐츠의 생태계를 만들어 음반사 등 다양한 플레이어를 시장에 참여시켜 고객을 포박Lock In하고 새로운 수익 모델을 창출하여 기기만의 경쟁사들을 시장에서 축출했다. 두 번째 2007년 스마트폰을 론칭할 때는 '앱' 플랫폼을 만들어 터치 기반의 혁신적 제품과 더불어 휴대폰 시장의 패러다임을 바꾸면서 시총 세계 1위의 기업으로 우뚝 섰다.

이런 애플이 만든 플랫폼이 '타운스퀘어'이다. 안젤라 아렌츠는 애플은 더 이상 애플 스토어라는 용어를 쓰지 않겠다고 선언했다. 현재 애플 스토어는 약 500여 개 이상의 매장으로 애플 전체 매출의 18%인 42억 달러 정도 매출을 창출하는 가장 중심적 채널의 하나이다. 스퀘어 미터당 매출이 5,000달러를 넘을 정도로 (2위 티파니의 2배 이상) 매년 5억 명 정도의 사람들이 방문하는 전세계 리테일 매장 중 가장 효율적으로 운영되고 있다.

왜 애플은 더 이상 스토어라는 말을 쓰지 않겠다고 한 것일까? 스토어는 파이프라인 기업 가치사슬value chain의 마지막 부분에 해당된다. 애플의 타운스퀘어 선언은 파이프라인 가치사슬의 끝단으로서 스토어를 더 이상 수용하지 않겠다는 것이다.

애플 가로수길 (출처: 애플)

　타운스퀘어의 디자인을 보면 과거 스토어와 달리 열린 공간이다. 한국의 NCT 127이 뉴욕 브루클린 애플 스토어의 투데이 앳 애플 프로그램에 참여해 현지 팬들과 이야기를 공유한 것처럼 다양한 사람과 그들의 이야기의 연결을 시도하고 있다. 애플의 타운스퀘어는 전세계 500여 개의 공간에서 매일 일어나는 만남이 반복되고 더 많은 사람들이 참여할수록 풍성해질 것이다. 그럼으로써 앱 생태계에 이은 애플의 또 다른 경쟁력이 될 것이다. 최초의 앱 플랫폼은 구글의 플레이 스토어로 따라왔다. 하지만 애플의 이 오프라인 플랫폼은 무엇으로 대응해야 할지 삼성 등 다른 휴대폰 업체들은 고민해봐야 한다.

이 글에서는 애플의 리테일 정책 변화의 방향에 대해 얘기해보고자 한다. 그러나 이것은 단절이 아니고 진화의 개념으로 봐야 한다. 따라서 애플 매장의 현재 위상을 만든 요인들에 대해 보고 어디로 한 걸음 더 딛고자 하는지에 대해 모색해보고자 한다.

현재 애플 스토어는 약 500개로 42억 달러 정도의 매출을 냈다. 애플 전체 매출의 18%를 차지하는 가장 중심적 채널의 하나이며 스퀘어 미터당 매출이 월 평균 5,000달러를 넘을 정도로 (2위 티파니의 2배 이상) 전세계 리테일 매장 중 가장 효율적으로 운영되고 있다. 또한 여기에 더해 매년 5억 명 정도 방문객들에게 전하는 애플 브랜드에 대한 체험과 교육을 고려할 때 단순한 매장 이상의 역할을 훌륭하게 해오고 있다. 그래서 테슬라 등 많은 브랜드들이 애플 매장을 오프라인 매장의 전범으로 여기고 있는 것이다.

애플 스토어의 역사는 사실 2001년 버지니아 주에서 시작되었다. 당시 스티브 잡스Steve Jobs는 혁신적인 애플 제품에 대한 교육을 베스트바이 등과 같은 전자제품 리테일러들에게 맡길 수 없다는 생각에 주변의 반대와 우려를 무릅쓰고 리테일 매장을 오픈했다. 이때 그는 리테일을 책임진 론 존슨Ron Johnson에게 "세계 최고의 고객 서비스를 제공하는 회사는 어디입니까?"라는 질문을 던졌다. 론 존슨은 다른 전자제품 소매점 대신 "포시즌스 호텔입니다."라고 답했다. 잡스는 포시즌스 호텔에서 '바'라는 콘셉트를 가져와 지니어스 바를 만들었다. 그 정도로 애플 스토어는 처음부터 전자 업계가 아닌 '고객경험'에서 세계 최고를 목표로 설계되고 운영되었다.

세상에 하나밖에 없는 공간

원대한 꿈을 꾸어라

애플 스토어는 '삶을 풍요롭게'라는 비전으로 시작한다. 이비전은 자신만의 영화를 촬영하고 편집하거나, 가족이야기를 출판하거나, 가수가 되고 싶은 꿈을 가진 사람들에게 일대일 훈련과 그룹 워크숍을 제공한다는 것을 의미한다. 즉 사람들이 애플 컴퓨터에 원하는 건 컴퓨터가 아니라 컴퓨터로 할수 있는 그 무엇이고 그 무엇에 대해 가르쳐주고 경험하게 해주어서 삶을 풍요롭게 해주는 공간이 애플 스토어라고 정의했던 것이다. 최근 살림 이스마일Salim Ismail 등은 『기하급수 조직 만들기』에서 세상을 변혁시키고자 하는 'MTPMassive Transformative Purpose', 열망, 비전의 중요성에 대해 다시 한번 강조했다. 생텍쥐페리는 "당신이 배를 만들고 싶다면, 사람들에게 목재를 가져오게 하고 일을 지시하고 일감을 나눠주는 일을 하지 말라. 대신 그들에게 저 넓고 끝없는 바다에 대한 동경심을 키워줘라."라고 말했다.

사람, 사람, 사람

사람은 비전을 완성하는 애플 스토어의 영혼이다. 애플 스토어는 능력이나 기술이 아니고 태도와 열정을 가진 사람을 채용하는 것으로 유명하다. 스티브 잡스가 직원을 뽑을 때의 일화다. 그는 맥 컴퓨터의 원형을 천으로 덮어놓은 방으로 입사 지원자를 데려가서 천을 벗긴 다음 반응을 살펴본다.

그는 지원자가 눈을 반짝거리며 호기심 어린 태도로 마우스를 움직이면 합격시켰다. 그는 "우와!"라고 말할 수 있는 사람을 원했다. "나는 애플에서 일하면서 세상을 변화시키고 있다. 사람들의 삶에 변화를 일으키고 삶을 풍요롭게 하며 사람들을

애플 스토어에서 춤을 추는 소년 (출처: 유튜브 캡처)

가르친다.[*] 유튜브에서 '애플 스토어 댄스Apple Store dance'를

찾아보면 애플 매장에서 춤추는 사람들의 동영상을 수천 개

---

* 카민 갤로, 『애플 스토어를 경험하라』, 조은경 옮김, 2013, 두드림

찾을 수 있다. 애플 스토어에서 고객들은 스스로를 자유롭게 표현할 수 있다.

애플 직원들 역시 자신만의 개성 덕분에 채용되었기 때문에 고객들이 자신을 표현하고자 하는 욕구를 이해하고 있다. 애플 스토어는 이런 개성들로 인해 재미있다. 고객들이 실제 많이 기다렸어도 기다리지 않았다고 인식하게 만드는 매장이 아닌 공간인 것이다.

매일매일의 새로움과 역동성

신은 디테일에 있다

비전과 개성을 중시하는 애플 스토어지만 그 운영의 디테일로 인해 개성과 자유분방함이 더 빛을 발한 것도 사실이다. 완벽하게 심플하고 절제된 공간 속에서 고객과 직원의 개성이 액센트가 되는 것이다. 그 완벽에는 아주 세밀한 디테일이 숨어 있다. 애플 스토어에 전시된 노트북 화면의 각도는 90도로 맞춰진다. 고객들이 제품을 만져 약간 더 각도를 기울이지 않으면 볼 수 없게 설계되었다. 어쨌든 고객들은 제품을 만지게 된다. 만지는 순간 그 제품은 인터넷으로 완벽하게 연결되어 있고 주소록, 사진함, 동영상 등 모든 것이 꽉 차 있어 내 친구의 제품을 잠시 보는 것처럼 계속 탐험하게 만든다.

주변은 심플함과 청결함으로 하나의 얼룩 같은 나의 집중을 방해하는 것은 없다. 애플 개장식에 가보면 직원들은 아침 6시부터 11시까지 창문 바닥 선반 등을 닦는다. 놀라울 정도이다. 그래서 애플은 제품을 주인공으로 만들고 그 제품에 고객을 몰입하게 만든다. 그래서 신은 완벽은 디테일에 있는 것이다.

애플의 새로운 여정

이런 완벽한 스토어에 어떤 것을 빼고 더할 수 있을까? 얘기한 대로 애플은 '스토어'라는 이름을 빼고 '타운스퀘어'라는 브랜딩, 크리에이티브 프로라는 새로운 직군, 투데이 앳 애플이라는 프로그램을 더했다. 이 일련의 시작으로부터 애플 리테일의 진화를 세 가지 정도의 방향으로 조심스럽게 예측해본다.

첫째는 경험Experience에서 상상Imagination이다. 단순한 경험이 아니고 크리에이티브 프로에 의해 실제 각 개인의 삶 속에서 기회, 가능성, 그 상상력의 불꽃을 튀기게 하고 각자가 호기심을 갖고 그 열정을 따르게 한다. 그래서 하나하나 각 개인의 삶이 의미를 가지고 연결되는 공간으로서 타운스퀘어이다. 둘째는 지역사회에 대한 헌신이다 특정 지역과의 강한 연대는 그 공간과 장소에 '독특함' '세상에 없는'을 더 할 수 있다. 서울에 있는 타운스퀘어는 서울이라는 도시와 강한 연대를 맺음으로써 어디에나 있는 애플 매장이 아니라 세상에 없는 하나뿐인 유일한 타운스퀘어가 되는 것이다. 셋째는 투데이 앳 애플 프로그램으로 인한 공간의 역동성과 새로움이다. 매일 매일의 새로운 프로그램과 아티스트들에 의한 그날만의 콘텐츠와 만남은 애플 타운스퀘어의 방문을 설레게 만들고 매일 방문하게 만든다.

매일 매일 살아 있고, 지역사회와 강한 연대를 갖고, 제품이 아닌 개인의 삶에 집중하는 공간 그것이 바로 '타운 스퀘어'이다. 온라인이 판매의 중심인 시대에 이미 애플 스토어는 경험을 제공함으로 모든 사람들이 방문하고 싶은 공간으로 지속 성장하고 있었다. 이 경험의 공간을 연결의 공간으로 바꿈으로 애플 스토어는 판매에 치중하는 다른 오프라인 공간을 다시 앞서고 있는 것이다.

3부

한 명이면
충분하다

1장

왜 한 명인가
: 한 명의 팬이 100명의 고객보다 이득이다

왜 팬인가

팬 추천 매출이 80%이다

어느 수입차 브랜드가 고객 조사를 했더니 고객 만족도가 90% 이상이고 재구매 의향도 80% 이상으로 높게 나타났다. 그런데 매출은 늘지 않았다. 나중에 그 이유를 알아보니 문제는 추천율이었다. 추천율이 −14%였던 것이다. 만족하는 고객은 많았다. 하지만 대부분은 침묵했고 브랜드를 위해 목소리를 높여 추천해주지 않았다. 2−20−80이라는 말을 들어보

았는가? 브랜드 전체 고객의 2%에 달하는 팬 또는 열성 고객 Apostle Customer이 매출에 직접 기여하는 비중은 20%에 불과하다. 하지만 이들이 친구들과 지인들에게 추천함으로써 발생하는 매출은 80%에 육박한다는 의미로 보스톤 컨설팅 그룹의 조사결과이다. 위 두 가지 얘기는 우리가 막연하게 알고 있던 팬의 구매 규모와 이들의 입소문을 통해 창출되는(추천) 매출 규모를 보여준다.

왜 이렇게 '팬'의 힘이 세졌을까? 바로 연결성의 힘 때문이다. 우리는 연결성 시대에 살면서 한 사람의 개인이 세상과 연결되었음을 알고 있다. 개인이 페이스북이나 블로그에 올린 글이 진정성이 있고 공유할 가치만 있으면 빛의 속도로 순식간에 세상에 퍼지는 시대에 살고 있다. 이제는 우리들 개인 한 명 한 명이 세상과 연결되다 보니 침묵하는 다수 고객보다는 행동하고 추천하면서 입소문을 만들어내는 팬의 힘과 영향력이 훨씬 더 커진 것이다.

그래서 이제는 감히 "침묵하는 다수의 고객보다 한 명의 팬이 낫다."라고 얘기하고 싶다. 그래서 기업들도 이제는 단순한 고객 만족도가 아닌 팬의 '추천도', 즉 팬심을 측정하려고 한다. 바로 순추천고객지수NPS이다. 추천에서 비추천을 빼고 계

열광하고 환호하는 팬

산하는 것으로 피앤지P&G와 삼성전자 등 대부분의 글로벌 기업들이 고객 만족도 대신에 고객 관련 핵심지표로 사용하고 있다. 미국 기업들의 평균이 14%이고 자포스, 애플, 아마존 등이 50%를 넘는 높은 점수를 받고 있다.

어떻게 팬을 만들까? 원래 팬은 신전이라는 뜻의 라틴어 FANUM에서 시작해서, 이것이 다시 영어의 파나틱Fanatic으로 변하면서 팬이 됐다고 한다. 따라서 팬이라는 말은 영어 파나틱의 속성 '광신도의' '미친 듯한' '열정적인' '행동하는'의 특징을 가지고 있다. 캐나다의 신경학자 도널드 칸Donald Brian Calne은 "이성은 의사결정을 만들지만 감성과 감동은 행동을 만든다."라고 이야기했다. 원래 감성의 영어 표현인 이모션 Emotion은 라틴어 어원 모션Motion으로 '행동하다'에서 출발했다. 즉 팬을 만들기 위해서는 고객의 가슴속에 낙인처럼 지워지지 않는 감동의 순간Impression이 필요하다. 그 순간이 일반 신도를 파나틱으로 평범한 고객을 팬으로 바꾸는 것이다. 그래서 '어떻게 팬을 만들까?'라는 질문은 '어떻게 감동을 만들까?'로 변해야 한다.

고객감동관리CSM, Customer Surprise Management가 필요하다. 지금까지 고객과 관련하여 고객관계관리CRM, Customer Relationship Management라는 얘기를 많이 했다. '고객 생애가치에 기반하여 고객과 1회적 거래가 아닌 장기적 관계를 맺는 것'이 고객관계관리의 요체이다. 분명히 맞는 이야기이다. 하지만 이제는 모든 기업들이 고객관계관리를 이야기하다 보니 고객관계관리에 더한 '우리 기업만의' '우리 브랜드만의' 경쟁력이 필요하다. 그것이 고객을 팬으로 만드는 고객감동관리 CSM이다. 고객감동관리에는 세 가지가 필요하다.

첫째는 고객감동을 위해서는 고객이해가 필요하다는 것이다. 둘째는 고객 이해에 기반하여 어떻게 고객감동을 만들고 전달할 것인가이다. 마지막 셋째는 이런 고객감동을 지속 제공할 수 있도록 어떻게 우리 조직 내 체계와 시스템 구축할 것인가이다.

고객을 전인격적으로 이해하라

가상의 고객인 페르소나를 도입하라

고객 이해는 고객에 대한 전인격적 이해와 활용을 전제로 한다. 예전 고객 이해는 나이, 성별, 직업, 소득 수준, 사는 곳 등의 단편적인 정보를 그것도 마케팅부서, 영업부서, 개발부서마다 다 다르게 이해하고 있었다. 그리스어로 가면이란 뜻의 페르소나Persona는 목표 집단을 대변하는 가상의 고객을 말한다. 고객에 대해 단편적인 이해가 아닌 고객의 가치, 선호, 행동, 인생 목표 등 전인격적인 이해와 이 가상고객의 전사적인 동일한 공유를 목표로 한다.

포드에서 유럽을 대상으로 피에스타라는 차량을 개발할 때 로마에 사는 '28세의 안토넬라'라는 여성의 페르소나를 기반으로 했다는 이야기는 유명하다. 끊임없이 "안토넬라가 좋아하는 차량의 색깔은?" "문의 높이는?" 등등. 마케팅 슬로건은

페르소나 예시

제품 개발에서 출시에 이르는 전 과정에 페르소나를 도입함으로써 피에스타는 큰 성공을 거둘 수 있었다.

속옷업체 빅토리아 시크릿도 끊임없이 내부 회의에서 "빅토리아는 이 디자인을 어떻게 생각할까요?" "이 컬러는?" 등을 질문함으로써 고객 관점을 가져오려고 노력하고 있다고 한다.

고객은 언제 감동하는가

고객을 이해했으면 이제는 고객에게 감동을 제공해야 한다.

우리는 언제 감동하는가? 감동은 기대의 함수이다. 하나는 어떤 기대도 없었는데 작지만 진정성 있는 가치를 제공받았을 때와 또 다른 하나는 기대가 있었지만 그 기대를 훨씬 뛰어넘는 큰 가치를 제공받았을 때가 아닐까? 이럴 때 우리는 "서프라이즈Surprise!"와 "와우Wow!"라고 외치며 감동하게 되는 것이 아닐까? 기대가 없을 때 "서프라이즈!"를 외치게 되는 작지만 진정성 있는 가치를 제공하는 방법을 마이크로 밸류 마케팅이라고 얘기한다. 『마이크로 밸류』의 저자인 문달주 교수에 따르면 진심을 담은 작은 가치의 제공을 통해 기대가 없을 때 고객에게 놀라움Surprise을 제공하는 것을 마이크로 밸류 마케팅이라고 한다.

마이크로 밸류 마케팅

진심을 담은 작은 가치의 제공을 통해 기대가 없을 때 고객에게 놀라움을 제공한다. 모닝이라는 경차가 있다. 오래 전 이차의 광고를 보면 '손톱이 부서지지 않는 손잡이'를 얘기하고 있다. 예전 자동차 문들은 손을 집어넣어 손잡이를 앞으로 당기게 되어 있었다. 손을 집어넣는 그 과정에서 여성들의 알록달록한 긴 손톱들이 부러지는 일이 종종 있었다. 여성 고객들

본인들도 부러지지만 너무 일반적이고 당연하다고 생각해서 문제로 인식하지 못하고 넘어갔다.

그런데 그 포인트를 찾아 손잡이 안쪽의 구명을 깊게 파고 손잡이를 위아래 쪽에서 모두 당길 수 있는 '그립' 형태로 만들었다. 여성들에 대한 세심한 배려이다. 이런 세심한 배려의 결과 여심을 사로잡아 여성 고객이 모닝 전체 고객 중 약 60%를 차지할 정도라고 한다.

마이크로 밸류 마케팅은 제품의 비본질적인 부분, 너무 작아서 고객 본인도 잘 인식하지 못하거나 중요하게 생각하지 못하는 부분에서 가치를 제공함으로써 고객을 놀라게 하고 그 결과 감동을 주는 마케팅이다. 오늘날처럼 위대한 제품이 일상인 시대에 제품과 서비스의 본질적인 차별화는 참 어렵다. 그런데 작은 가치의 차별화를 통해 이런 일을 해내는 것이다.

글로벌 호텔 체인 메리어트 산하의 호텔 브랜드인 리츠칼튼의 '기린 인형 조시' 이야기가 바로 이런 마이크로 밸류 마케팅의 대표적인 사례이다. 리츠칼튼은 기린 인형을 두고 온 여섯 살 아들에게 '조시는 휴가 중'이라는 거짓말을 한 아버지를 위해 '조시가 일광욕을 하고 골프 카트를 타고 마사지를 받는' 사진을 만들어 보내주었다. 이에 감동한 아버지가 이 이야기

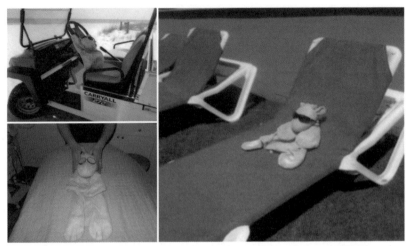

리츠칼튼은 기린 인형 조시가 즐거운 휴가를 보냈다는 증거로 사진을 찍어 함께 소포로 보냈다.

를 SNS에 올려 전세계 사람들이 감동한 이야기이다.

마이크로 밸류 마케팅의 출발점은 관찰이다. 샤프란이라는 섬유 유연제 제품이 있다. 섬유 유연제 시장의 본질적인 차별화는 그동안 '향' '정전기 방지' '옷을 얼마나 부드럽게 하는지'와 같은 가치들이 본질적이고 경쟁적 가치였다. 이 가치들에 대한 경쟁은 너무 치열하고 고객들도 너무 익숙하다 보니 차별화가 어려웠다. LG 생활건강은 고객 관찰을 통해 기존 섬유 유연제들이 약 3킬로그램으로 너무 무거워 마트 진열대에서

꺼낼 때 어렵고, 집에서 사용하기 위해 따를 때도 잘못 따르거나 엎지르는 등의 불편함을 발견했다.

그래서 종이처럼 한 장씩 꺼내서 사용할 수 있는 시트형 샤프란을 출시했다. 섬유 유연제 시장에서 기존 경쟁 구도를 바꾸며 큰 성공을 거둘 수 있었다. 이런 관찰의 방법에는 고객 행동 자체를 관찰하는 것과 관찰을 통해 행동의 동기와 맥락을 파악해서 고객의 숨은 니즈를 발견하는 것이 있다.

마이크로 밸류 마케팅과 관련해서 한 가지 지적하고 싶은 것은 '진정성'이다. 마이크로 밸류 마케팅의 아이디어는 본질적인 가치가 아니므로 진정성이 없다면 고객에게 쉽게 거부당하고 외면당할 수 있다. 한때 인기를 끌었던 〈정글의 법칙〉이라는 예능이 주춤하는 이유도 진정성에 대한 의심 때문이다. 그 정도로 요즘은 진정성의 시대이다. 사람들이 〈효리네 민박집〉이나 〈삼시세끼〉와 같은 아무것도 없는 심심한 예능 프로그램에 열광하는 이유는 '꾸밈 없는 일상' 진정성의 힘이다.

마이크로 밸류 마케팅은 진정성을 바탕으로 고객 행동 관찰을 통해 고객 본인도 인식하지 못하는 작은 가치의 제공으로 놀라움을 만들어낼 때 완성될 수 있다.

매크로 밸류 마케팅

매크로 밸류 마케팅은 마이크로 밸류 마케팅과 반대 개념이다. 마이크로 밸류 마케팅이 고객이 중요하게 생각하지 않는 비본질적 부분에서 놀람의 가치를 준다면 매크로 밸류 마케팅은 고객이 가장 중요하게 생각하는 순간에 고객의 기대를 훨씬 뛰어넘는, 고객의 관점을 아예 바꿔버리는 가치의 전달을 통해 고객에게 "와우!"라는 탄성을 자신도 모르게 튀어나오게 한다.

고객이 가장 중요하게 생각하는 순간을 진실의 순간이라고 한다. 마케팅에서는 이 진실의 순간을 그 제품에 대한 구매를 결정하는, 더 나아가서는 그 브랜드에 대한 고객의 태도가 결정되는 순간이라고 한다. 예전에는 두 번의 진실의 순간이 있었다. 첫 번째는 매장에서 제품을 처음 보는 순간이다. 그리고 두 번째는 그 제품을 구매해서 본인이 제품 속까지 뒤집어보고 냄새 맡고 만져보고 오감으로 느끼고 경험하는 순간이다. 이 순간들이 너무 중요해서 브랜드의 삶과 죽음을 결정한다고 해서 '진실의 순간'이라고 한다.

모든 브랜드들이 '진실의 순간'이 중요하다고 생각하고 이 과정에 차이를 만들기 위해 심혈을 기울이고 있다. 그러다 보니 차이를 만들기가 너무 어렵다. 그러나 여기서 차이를 만들 수 있는 브랜드들은 고객의 마음속에 사랑의 입술자국을 화인처럼 새기는 러브 마크가 된다.

최근에는 이 두 번의 진실의 순간에 더해 0번째 진실의 순간이 있다고 한다. 즉 이제는 고객들이 제품을 처음 만나는 순간이 매장이 아닌 인터넷상이다 보니 그 순간을 과거 첫 번째 진실의 순간보다 빠르다고 해서 0번째 진실의 순간이라고 얘기한다.* 그래서 이제는 일반적으로는 세 번의 진실의 순간이 있다고 한다.

이 진실의 순간은 업종별로 다를 수 있다. 지난번 모 항공사 직원들과 얘기를 해보니 0번째는 고객이 항공권을 검색하거나 문의하는 순간, 첫 번째는 체크인 카운터에서 대면으로 항공사 승무원을 만나는 순간, 두 번째는 비행기를 타서 좌석에 앉는 순간을 진실의 순간이라고 얘기했다. 매크로 마케팅의 출발은 바로 이 진실의 순간의 확인에서 출발한다.

---

* 브라이언 솔리스는 저서 『경험은 어떻게 비즈니스가 되는가』에서 본인의 경험을 타인과 공유하는 순간을 네 번째 진실의 순간으로 이야기한다. 연결성 시대 고객 구매의 5A 단계를 고려할 때 타당한 지적이다.

2장

무엇이
'애플빠'를 만들었는가

감동은 행동을 낳는다

오뚜기는 어떻게 갓뚜기가 되었는가

2017년 7월 문재인 대통령이 기업의 기를 살리겠다며 주요 기업인을 청와대로 초청해 '호프 미팅'을 열었다. 당시 이날 행사 장면을 담은 한 장의 사진이 큰 화제를 모았다. 문 대통령과 손경식 CJ그룹 회장, 구본준 LG그룹 부회장 등 한국의 내로라하는 대기업 총수들이 담화하고 있는 모습이다. 이 사진에서 단연 눈에 띄는 이는 문 대통령의 바로 옆에 자리한 함

영준 오뚜기 회장이다.

2017년 봄부터 인터넷에는 오뚜기와 관련한 미담이 돌았다. '상속세를 다 납부했다더라.' '대형마트 파견 직원들도 정규직이라더라.' '제품의 가성비가 좋다.' 등의 내용이었다. 미담은 한 고객의 경험담이 발단이 됐다. 이 고객은 오뚜기 라면을 구매했다가 액상 스프가 터져 있는 것을 보고 회사 측에 불만을 제기했다. 오뚜기는 해당 고객의 불만에 대해 라면 20개와 정중한 사과 편지를 보내왔다.

여기에 감동받은 고객은 관련 글과 사진 등을 SNS에 올려 화제가 됐다. 이 글을 또 다른 네티즌이 공유했는데 조회수 4,000개 이상을 기록하며 관심을 받았다. 이후 미담을 접한 고객들이 오뚜기의 다른 사연을 찾고 찾으면서 좋은 얘기들이 눈덩이처럼 불어나게 됐다. 오뚜기는 '갓뚜기'가 되고 결국 청와대 호프 미팅에 초청받아 문 대통령의 바로 옆에서 얘기하게 된 것이다.

이 이야기의 메시지는 무엇일까? 첫째, 이제는 고객의 힘이 세졌다는 것이다. 초연결성 시대가 되면서 고객 한 명 한 명이 세상과 연결돼 자신의 목소리를 낼 수 있는 시대라는 것이다. 더 이상 예전의 힘없고 고립된 고객은 없다. 둘째, 이렇게 강해진 고객을 움직이는 힘은 감동이라는 것이다. 영국의 신경학자 도널드 브라이언 칸은 "이성은 결론을 낳지만 감성은 행동을 낳는다."라고 했다. 감동한 고객만이 공유하고 추천하는 시대다. 셋째, 감동은 전염성이 강하다는 것이다. 자신의 감동 스토리는 SNS에서 다른 사람을 감동시키고 결국 세상을 감동시킨다. 연결된 고객을 움직이는 힘은 진정성에 기반한 감동밖에 없다.

'진실의 순간'을 파악하라

초감동을 준 기업만이 위대한 기업이 됐다

고객감동의 창조와 관련해 마이크로 밸류 마케팅과 매크로 밸류 마케팅이 있다. 마이크로 밸류 마케팅은 고객의 기대가 없을 때 작은 가치의 제공을 통해 '서프라이즈'를 만드는 것이고 매크로 밸류 마케팅은 그 기대를 훌쩍 뛰어넘는 큰 가치의 제공을 통해 '초감동'을 만드는 것이다.

매크로 밸류 마케팅은 고객이 가장 중요하게 생각하는 순간과 본질적 가치 경쟁의 순간에 고객의 기대를 훨씬 뛰어넘는 '초감동'의 가치, 즉 맥시멈 가치를 전달함으로써 고객을 감동시킨다. 그러다 보니 매크로 밸류 마케팅은 마이크로 밸류 마케팅에 비해 훨씬 어렵다. 많은 고객이 기대하고 있고 이미 경쟁사들이 치열하게 경쟁하는 바로 그 순간의 그 영역이기 때문이다. 완전히 새로운 관점과 시각을 가지고 찾아야 해 훨씬 어렵고 험난한 여정이다.

하지만 그 여정에서 성공하는 회사들은 예외 없이 그 보상으로 '위대한 기업'이 됐다. 고객들은 그 브랜드를 화인火印과도 같은 러브마크로 인식하게 되는 것이다. 매크로 밸류 마케팅의 최우선 과제는 그 상품과 서비스에 대해 고객이 생각하는 '진실의 순간'을 찾는 것이다. 이 진실의 순간을 마케팅에서는 제품에 대한 구매, 더 나아가 브랜드에 대한 고객의 태도가 결정되는 순간이라고 한다. 만일 고객의 인식 속에 우리 브랜드나 제품의 속성과 관련해 진실의 순간이 없다면 고객의 인식 속에 우리 브랜드만의 진실의 순간을 만들어야 한다.

애플의 진실의 순간

서울 가로수길에 한 브랜드의 첫 번째 한국 내 공식 매장이

2018년 1월 25일 열린 애플가로수길 프리뷰 행사. 애플의 안젤라 아렌츠 수석 부사장이 고객과 기념촬영을 하고 있다(위) 투데이 앳 애플 세션(아래) (출처: 애플)

2018년 1월 오픈했다. 오픈 당일 특별한 선물이나 이벤트가 없음에도 많은 고객이 밤새워 줄을 섰고 첫 입장 고객은 19시간을 기다려 들어갔다.

전 세계에서 팬이 가장 많은 보석 브랜드 티파니의 평당 매출보다 두 배 이상을 파는 전 세계에서 소매를 가장 잘하는 브랜드이자 인류 기업 역사상 최초로 1조 달러 시총을 달성한 브랜드. 바로 애플이다. 무엇이 애플을 특별하게 만들었을까?

애플은 어떻게 고객 마음속에 러브마크를 새겼는가

애플의 CEO였던 스티브 잡스는 "우리 모두는 우주에 흔적을 하나 파놓으려고 이 세상에 왔다. 그게 아니라면 다른 어떤 이유가 있단 말인가."라고 말했다. 잡스의 말대로 애플은 진실의 순간에 정말 완전한 경험의 우주 하나를 만들었다.

알티미터그룹의 수석 애널리스트 브라이언 솔리스Brian Solis는 『경영은 어떻게 비즈니스가 되는가』라는 책에서 고객의 경험과 관련해 '4번의 진실의 순간'이 있다고 얘기한다. 첫 번째는 웹에서 제품을 검색하는 순간이다. 두 번째는 매장에서 제품을 보고 첫인상을 형성하는 순간이다. 세 번째는 상품을 만지고 냄새 맡고 느끼고 때로는 맛보는 순간이다. 마지막은 타인과 경험을 공유하는 순간이다. 애플은 네 번째와 첫 번째를 루프처럼 연결하면서 세 번의 진실의 순간을 만들었다. 그리고 이 각각의 순간에 경쟁자를 압도하는, 아니 차원을 달리하는 감동을 창출했다. 이것이 고객의 마음속에 애플을 러브마크로 만들었다.

애플이 아이패드를 마케팅할 당시로 돌아가보자. 애플은 2014년 고객이 처음으로 아이패드를 만나는 첫째 진실의 순간에 제품의 스펙이나 가격을 나열하기보다 이런 질문을 던졌다. "어떤 시를 쓸래What will your verse be?" 동시에 많은 사람이 애플의 아이패드로 만든 경험을 공유하게 했다. 관점을 완전히 바꿔버린 것이다. 제조사 관점의 스펙과 가격 얘기가 아닌 고객 관점의 활용의 얘기, 너의 얘기를 물은 것이다. 이것이 애플의 첫째 진실의 순간이다.

둘째 진실의 순간은 매장에서 고객이 아이패드를 대면하는 순간이다. 애플 매장에는 그들의 제품만큼이나 세밀한 디테일이 숨어 있다. 애플 스토어에 전시된 아이패드 화면의 각도는 고객들이 화면을 잘 보기 위해 조절하려고 손을 대는 것을 유도하기 위해 70도에 맞춰져 있다고 한다.* 고객이 제품을 만지

---

* 최근에는 76도로 맞춰졌다는 이야기도 있다.

영 번째 진실의 순간	첫 번째 진실의 순간	두 번째 진실의 순간	세 번째 진실의 순간

사람들이 자신이 원하는 것을 검색해보는 순간	사람들이 상품을 보고 첫인상을 형성하는 순간	사람들이 상품을 만지고 냄새 맡고 때로는 맛보는 순간의 집합	사람들이 리뷰를 올리는 순간

(출처: 브라이언 솔리스, 『경험은 어떻게 비즈니스가 되는가』, 다른)

는 순간 그 제품은 인터넷에 완벽히 연결되고 주소록, 사진함, 동영상 등 모든 것이 꽉 차 있어 친구의 제품을 잠시 보는 것처럼 계속 탐험하게 만든다.

매장 안은 심플함과 청결함으로 가득차 단 하나의 얼룩이나 집중을 방해하는 요소가 없다. 고객은 기다림 없이 그 자리에서 바로 결제할 수 있다. 또 고객 주변에는 판매가 아닌 솔루션을 주기 위한 직원이 항상 대기 중이다. 이 매장에서의 주인은 바로 고객이다. 고객 스스로 최적의 경험을 할 수 있게 설계돼 있다. 고객경험 중심 매장이 애플 매장이다.

애플 언패킹

애플은 어떻게 언패킹을 통해 제품이 아닌 경험을 팔았는가

셋째 진실의 순간은 구매 후 고객이 집으로 제품을 가져와

처음으로 포장을 여는 언패킹의 과정이다. 유튜브에 애플의

언패킹 동영상이 약 780만 개가 올라와 있다. 그 정도로 애플은 고객의 언패킹 경험을 완전히 바꿔놓았다.

이 경험의 변화가 얼마나 지난한 과정이었는지는 『포천』의 정보기술 선임기자 애덤 라신스키Adam Lashinsky가 저서 『인사이드 애플』에서 패키징 디자이너를 인터뷰한 글을 보면 알 수 있다. "패키징 디자이너가 몇 달 동안 작업실에서 했던 일은 상자 윗부분의 보이지 않는 스티커의 어느 지점을 고객이 잡는 게 좋은지를 표시해주는 탭을 만들고 시험하는 일이었다. 작업실은 수백 개의 상자와 무수한 화살표와 탭으로 가득 차 있었다."

애플 전까지 언패킹은 그냥 제품 박스를 뜯는 과정이었다. 애플은 이 번거롭고 귀찮기만 한 과정을 경이와 감동이 가득 찬 과정으로 만들었다. 수많은 언패킹 동영상을 고객들이 유튜브에 올리게 만든 이유이자 언패킹과 관련 '비포Before 애플' '애프터After 애플'이 있다고 말하는 이유다. 이 세 번의 진실의 순간에 애플은 제조사 관점의 제품 판매가 아닌 고객 관점의 경험을 판매함으로써 위대한 경험의 우주를 창조했고 경쟁사를 저만치 따돌린 위대한 브랜드가 됐다.

매크로 밸류 마케팅은 어렵다. 모든 브랜드가 가장 노력을 기울이는 그 지점에서 차이를 극대화하는 것이기 때문에 힘들고 지속할 수 있을지 두렵다.

3장

어떻게 진실의 순간에 초감동을 선사할 것인가

레드불이 익스트림 스포츠를 하는 이유

에너지 드링크로 유명한 오스트리아의 음료 업체 레드불은 2019년 민간 기업으로는 처음으로 달 착륙 우주여행을 단행했다. 레드불은 2018년 4월 칸영화제 밉Mip TV를 통해 2019년을 겨냥한 '달 착륙 작전Mission to the Moon' 프로젝트를 공식 발표하고 50년 전 닐 암스트롱이 이룩한 '인류를 위한 거보'를 기념해 신세대에게 아폴로 11호가 상징하는 탐험 정신을 심어주고 싶다는 포부를 밝혔다.

(위) 우주 점프 (아래) 오스트리아 잘츠부르크 레드불 박물관에 전시된 레드불 스트라토스와 바움가르트너 우주복

    레드불의 이런 행보는 처음은 아니다. 2012년 10월 15일 55층 높이의 거대한 헬륨 풍선에 태운 바움 가르트너를 지상 39킬로미터 상공에서 자유낙하시켰고 그때 순간 시속 1,342

킬로미터를 기록했다. 3,000만 달러를 투자한 이 낙하는 소위 '우주점프'로 불리며 전 세계 익스트림 스포츠팬들의 주목을 받았다. 유튜브로 생중계된 영상은 조회수 4,000만 건을 기록하며 400억 달러의 마케팅 효과를 거둔 것으로 추정된다. 레드불은 왜 이런 행보를 보이는 걸까?

레드불은 1987년 디트리히 마테시츠Dietrich Mateschitz가 오스트리아에서 창업했다. 1990년대 에너지 음료 시장의 급팽창과 함께 성장했다. 젊은이들이 클럽에서 격정적으로 에너지를 발산하기 위해 보드카 폭탄주를 만들 때 사용하면서 입소문을 타고 매출 규모가 비약적으로 성장했다. 2019년 기준 1년에 약 60억 병 정도를 판매하며 8조 원 정도의 연매출을 기록하는 회사이다. 전 세계 에너지 음료 시장의 30%를 점유 중인 압도적 1위 회사다. 재미있는 것은 블라인드 테스트를 통해 평가해보면 다른 에너지 음료와 차이점이 없다는 평가가 많다는 점이다.

오늘날 '초연결 시대'에 마케팅은 고객감동을 통해 고객을 팬으로 만들어야 한다. 그 감동에는 고객이 인식하지 못하는 순간 서프라이즈를 통해 고객감동을 전달하는 마이크로 밸류 마케팅이 있고 고객이 가장 중요하게 생각하는 진실의 순간에 초감동을 전달하는 매크로 밸류 마케팅이 있다. 매크로 밸류 마케팅을 위해서는 고객이 제품과 서비스에서 가장 중요하게 생각하는 진실의 순간을 찾아야 한다.

레드불도 자신만의 진실의 순간을 창조하기를 원했을 것이다. 2,900원짜리의 너무나 일상적인 음료의 구매 경험과 경쟁 제품과의 변별력 없는 음용 경험으로는 고객감동을 주는 진실의 순간을 만들기 어렵다고 생각하지 않았을까? 그들은 단순한 에너지 음료 회사가 아닌 새로운 스포츠 문화를 창출하는 기업으로 인식되기를 원했을 것이다.

디트리히 마테시츠 레드불 창업자가 "레드불은 에너지 드링크를 팔게 된 미디어 기업Redbull is a media company that happens to sell energy drinks"이라고 정의한 이유다. 여기서 재미있는 것은 '해픈happen'이라는 표현이다. 즉 미디어 컴퍼니가 정체성이고 드링크는 '우연히 팔게 됐다happen to sell'고 얘기한 것이다. 이 맥락에서 우리는 왜 레드불이 3,000만 달러를 투자해 '우주점프'를 만들었고 2019년 달에 착륙하겠다고 발표했는지 이해할 수 있다. 레드불은 음료의 맛이 아닌 '익스트림 스포츠'에서 자신만의 진실의 순간을 창조했다.

스타벅스가 모든 매장의 문을 닫은 이유

그렇다면 어떻게 진실의 순간을 찾을까? 매크로 밸류 마케팅과 관련해 '고객 여정 맵Customer journey map'이라는 개념이 있다. 고객 여정 맵은 고객이 서비스를 경험하게 되는 과정을 정의한다. 그 과정에서 생기는 고객 체험을 시각화하기 위해 사용되는 방법이다.

다음 그림은 스타벅스의 고객 여정 맵을 그린 2009년 자료다. 이 자료를 보면 스타벅스 매장에서 고객이 느끼는 가장 큰 만족은 처음 매장에 들어가 친절한 직원과 만났을 때, 커피를 받아 처음 마셨을 때, 마지막으로 매장을 떠날 때가 고객의 만족도가 가장 높은 순간이다. 우리는 이 순간을 '스타벅스의 진실의 순간'이라고 얘기할 수 있다.

스타벅스는 이 진실의 순간에 어떻게 초감동을 전달하느냐를 가지고 고민해왔다. 2000년 하워드 슐츠Howard Schultz 회장이 떠난 뒤 바리스타 대부분이 단골손님의 이름을 기억하지 못했다. 점포 관리자는 메뉴 종류와 인테리어에 집착해 실적을 내는 데만 급급하면서 '평범해져 버린 스타벅스 경험'에 대한 얘기들이 많았다. 2007년 말이 되자 주가가 42% 하락하

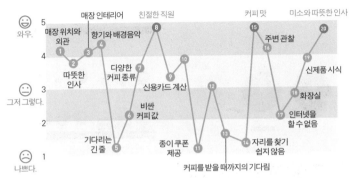

스타벅스의 고객 여정 맵

(출처: 장정빈, 『리마커블 서비스』, 올림)

면서 스타벅스의 미래에 대한 온갖 걱정이 쏟아졌다.

하워드 슐츠 회장은 이 위기 상황을 타개하기 위해 2008년 스타벅스 CEO로 복귀했다. 그리고 그는 2월 26일 미 전역 7,100개의 모든 스타벅스 매장을 닫기로 결심한다. 이유는 커피 맛과 직원의 정체성에 대한 교육을 통해 진실의 순간에 초감동을 전달하기 위해서였다. 그날 하루 매장을 닫음으로써 70억 원의 손실이 발생했다. 하지만 그 이후 스타벅스는 창사 이후 최대의 실적을 구가하고 있다.

진실의 순간의 매크로 밸류 마케팅이 고객감동의 충분조건 이라면 필요조건도 있다. 바로 불편함의 해소다. 불편함이 있

스타벅스 디지털 플라이휠

마이 스타벅스 리워드	개인별 맞춤 서비스
앱 결제 서비스	앱 주문 서비스

마이 스타벅스 애플리케이션(앱)의 '사이렌 오더' (출처: 스타벅스)

다면 고객감동은 창출될 수 없다. 스타벅스의 2008년 이후의
성장에는 진실의 순간 초감동과 함께 불편함의 해소가 있다.
고객 여정 맵에서 보듯이 고객들은 스타벅스와 관련해 '기다
리는 긴 줄' '종이 쿠폰 제공' '커피 받을 때까지의 기다림' '인
터넷을 할 수 없음'과 같은 불편함을 가지고 있었다.

　하워드 슐츠 회장은 복귀 이후 감동과 관련된 즉각적 액션

과 함께 이러한 불편함을 해소하기 위한 조처들을 했다. 마이 스타벅스 애플리케이션(앱)의 '사이렌 오더' 론칭을 통해 매장에서 기다리지 않고 음료를 주문하고 받을 수 있게 했다. 앱상의 구매 기록을 통해 종이 쿠폰으로 적립하는 불편함을 해결했다. 또한 와이파이를 설치함으로써 인터넷을 할 수 있도록했다. 슐츠 회장의 복귀 이후 이런 불편함의 해소와 초감동의 매크로 밸류 마케팅이 스타벅스의 역사적 성장을 이끌고 있는 것이다.

시애틀 사운더스FC가 LA갤럭시보다 팬이 많은 이유*

마지막 고객감동의 종합편으로 축구팀 '시애틀 사운더스FC'를 이야기를 하고 싶다. 이 팀은 축구의 불모지라고 할 수 있는 미국 시애틀을 연고로 하고 있다. 2013년 기준 평균 관중 동원력이 4만 3,124명이다. 축구 종주국 영국 첼시의 4만

---

* 『DBR』 152호에 실린 김정윤의 「관중 동원 능력이 첼시보다 좋다고? 미 축구팀 아이디어로 충성고객을 낚다」를 참고해서 썼다.

시애틀 사운더스FC 서포터즈

1,510명보다 많고 데이비드 베컴 등 스타 플레이어를 보유한
LA갤럭시보다 2만 명이나 더 많다. 시애틀 사운더스FC의 어
떤 점이 이런 차이를 만들었을까?

　먼저 시애틀 사운더스FC는 대부분의 축구 클럽들이 놓치

고 있던 고객들의 마이크로 밸류 마케팅을 발견하고 실천에 옮겼다. 선수들의 은밀한 공간인 라커룸을 일반에 공개한 것이다. 또 경기 시작 전 지루한 시간에 선발 출전 선수와 그라운드에서 사진 촬영 기회를 제공했다. 관객들이 지루한 시간에 경기 시작 전 기대하지도 않았던 놀람을 선사함으로써 시애틀 사운더스FC는 관객들에게 감동을 창출했다. 축구 경기장에서의 진실의 순간은 언제일까? 아마도 경기장에서 내가 응원하는 팀이 골을 넣고 골 세러머니를 하는 그 흥분과 환희의 순간? 이 진실의 순간에 시애틀 사운더스FC는 VIP석을 관중석 상단 대신 하단으로 내려 배치했다. 그렇게 필드 바로 옆에 설치해 선수들의 땀 냄새와 열기를 가까이에서 느끼게 함으로써 초감동을 전달했다.

시애틀 사운더스FC는 고객감동의 필요조건으로 고객의 불편함 해소에도 탁월함을 보이고 있다. 축구 관람 고객의 고객 여정 맵을 그려보면 가장 큰 불편함으로 입장 시 한꺼번에 몰리면서 생기는 '혼잡' 등을 꼽을 수 있다.

시애틀 사운더스FC는 경기 시작 몇 시간 전에 시내에서 거리 응원을 펼쳐 팬들을 미리 입장시키고 동시에 스타디움 안에 유명 레스토랑과 갤러리 등 볼거리와 먹거리를 제공함으

시애틀 사운더스FC는 라커룸 일반 공개와 그라운드 사진 촬영 등을 제공한다. (출처: FIFA IS FAN FEST-Seattle, EA Sports FIFA)

로써 경기 30분 전 조기 도착률을 12% 증가시켰다. 조기 도착에 따른 소비율도 38% 높였다. 한 사람이 전세계와 연결되는 초연결성의 시대에 고객 한 명을 팬으로 바꿀 수 있다면 기업들은 하나의 세계를 얻을 수 있다. 행동하는 고객 팬은 오직 감동을 통해 만들어질 수 있다.

고객을 팬으로
만들어라

1장

진정성 마케팅
: 왜 자포스 직원은 고객과 10시간 통화하는가

연결성 시대 유행처럼 번지는 외로움

영국의 테레사 메이Theresa May 총리가 최근 트레이시 크라우치Tracey Crouch 체육·시민사회 장관을 외로움 담당 장관Minister for Loneliness으로 겸직 임명했다. 적십자사 조사에 따르면 영국 인구 6,500만 명 중 900만 명이 외로움을 느끼고 있다. 노인 360만 명은 TV를 가장 친한 '동반자'로 꼽았다. 17~25세 젊은 학생들의 절반 가까이도 외로움 때문에 상담 서비스를 받은 적이 있다고 답했다.

외로움은 하루에 담배 15개비를 피우는 것과 같고 비만보다 위험하다. 영국이 외로움 담당 장관을 임명한 이유다. 이것이 꼭 영국만의 일일까?

밴드, 단톡방, 페이스북, 인스타그램 등 SNS는 물론 초등학교 동창부터 군대 동기까지 만나지 못할 사람이 없고 전혀 모르는 사람도 한 다리만 건너면 다 만날 수 있는 '연결성의 시대'에 왜 외로움이 유행처럼 번질까? 미국 피츠버그대 연구팀에 따르면 SNS 사용이 많을수록 사회적 고립감을 느낄 확률이 더 높다. SNS를 많이 사용하면서 대면 미팅 시간이 줄어들고 열심히 활동하는 친구의 모습에서 배제되는 느낌을 받기 때문이라고 한다. 연결성이 오히려 외로움과 고립감을 강화한다는 것이다.

세계적 마케팅 대가이자 노스웨스턴 대학 켈로그 경영대학원의 필립 코틀러 석좌교수는 이에 대해 '연결성의 역설'이라고 칭한다. 연결성이 강화된 하이테크 시대에 역설적으로 외로움 때문에 '하이 터치'를 갈망한다는 것이다. 이에 따라 연결성 시대인 4차 산업혁명 시대의 브랜드들은 고객의 외로움을 해결해주는 인간적 브랜드가 돼야 한다. 고객은 인간적 브랜드에 의지하고 얘기하고 친밀함을 느끼고 옹호하게 되는 것이다.

그러면 인간적 브랜드는 무엇일까? 인간적 브랜드를 만들기 위해서는 필요조건과 충분조건이 있다. 진정성이라는 필요조건과 진정성이 발현되는 상태, 즉 사람들이 좋아하는 다섯 가지 인간적 매력의 충분조건을 가져야 한다. 우리는 브랜드가 필요조건과 충분조건을 구비했을 때 그 브랜드를 인간적 매력이 있다고 느낀다.

인간적 브랜드의 필요조건 진정성

진정성이란 무엇일까? 정말 많이 쓰는 단어지만 딱히 정의하기 쉽지 않다. 진정성 마케팅의 권위자이자 스트러티직 호라이즌 LLP 창업자 제임스 길모어James Gilmore는 "진정성은 내면과 외면의 조화이다."라고 설명했다. 하지만 이 정의는 사람에게 적용되는 것이다. 나는 기업을 위한 진정성의 정의를 "내면과 외면의 일치를 밀고 가는 힘과 의지이다."라고 설명하고 싶다. 진정성은 그냥 생기는 것이 아니고 기업이 의지를 가지고 만들어가야 한다는 '기업 의지'의 측면을 더 강조하고 싶다.

브랜드가 진정성 있는 브랜드로 고객 속에 자리잡기 위해서는 의지를 구현하는 세 가지 장치가 필요하다. 첫째, 회사가 이야기하는 진정성의 요소를 제품이나 서비스에 담아야 한다. 둘째, 진정성에 대해 회사의 의지를 적극적으로 표현해야 한다. 다만, 그 표현은 조심스러우면서 진심이 담겨 있어야 한다. 셋째, 고객들이 기업의 진정성에 대해 경험을 나눌 수 있는 공유의 장을 만들어 자연스럽게 확산시켜야 한다.

유명한 환경보호 기업 파타고니아는 진정성 요소를 담기 위해 1993년부터 버려지는 플라스틱 병을 모으기 시작했다. 최첨단 기술을 이용해 버려진 플라스틱 병에서 옷감의 실을 뽑아 옷을 만든 것이다.

2011년에는 '제발 우리 옷을 사지 말아주세요!'라고 쓰인 전면 광고를 게재했다. 미국의 쇼핑 대목인 2011년 11월 25일 블랙 프라이데이 아침이었다. 조간신문 『뉴욕타임스』에는 왜 자기회사 물건을 사면 안 되는지에 대한 찬찬한 배경설명까지 뒤따랐다. "이 옷 하나 만드는 데 135리터의 물이 쓰였고, 옷 무게의 24배인 20파운드 탄소가 배출됐으며, 완제품의 3분의 2 분량이 쓰레기로 남았다." 하지만 '자폭' 수준의 광고에 대한 반응은 '당신이 필요하지 않은 물건을 살 필요는 없습니다. 당신이 무엇을 사려고 할 때 한 번만 더 생각해보세요.'

파타고니아는 '낡아빠진 옷'이라는 블로그도 운영한다. 해당 블로그에는 고객이 구매한 파타고니아의 옷을 얼마나 오랫동안 입고 있는지에 대한 이야기, 아버지 등에 올라타 웃고 있는 일곱 살 아이가 성인이 돼 아버지가 입고 있던 파타고니아 재킷을 물려 입은 이야기 등 진정성 있는 이야기로 가득 차 있다. (출처: 파타고니아)

라는 조심스럽고 진정성 있는 메시지는 파타고니아의 환경보호에 대한 진심을 느끼게 했다. 결과적으로 해당 캠페인 직후 파타고니아의 제품 판매량은 33%나 증가했다.

파타고니아는 '낡아빠진 옷'이라는 블로그도 운영한다. 해당 블로그에는 고객이 구매한 파타고니아의 옷을 얼마나 오랫동안 입고 있는지에 대한 이야기, 아버지 등에 올라타 웃고 있는 일곱 살 아이가 성인이 돼 아버지가 입고 있던 파타고니아 재킷을 물려 입은 이야기 등 진정성 있는 이야기로 가득 차 있다.

진정성 있는 브랜드가 되기 위해서는 각 기업 내부의 문제도 중요하게 다뤄져야 한다. SNS의 발달로 기업 내부에 문제가 발생하면 미처 수습할 시간도 없이 빛의 속도로 퍼져 나간다. 파타고니아의 직원들은 그 누구보다 환경을 사랑한다. 만일 그들이 환경을 사랑하지 않는다면 회사의 노력은 아무 소용이 없거나 무의미할 것이다. 따라서 진정성 있는 기업이 되기 위해서는 기업의 목적과 미션에 공감하는 사람을 채용하는 것이 중요하다.

교육은 그다음이다. 교육을 통해 사람을 바꾸는 게 얼마나 힘든지는 누구나 잘 알고 있다. 아마존의 자회사이자 온라인 신발 판매 업체인 자포스의 모든 직원은 입사 후 몇 주 안에 제안을 받는다. '교육 기간 중 4,000달러를 줄 테니 회사를 그만두는 게 어떻겠느냐'는 제안이다. 일종의 퇴사 제안인 셈이다. 자포스는 기업의 미션에 공감하지 않는 사람은 조직문화를 위해 빨리 내보내는 게 더 효율적이라는 것을 잘 알고 있는 것이다.

그러면 진정성이라는 필요조건 위에 어떤 충분조건을 더할지에 대해서도 생각해보자. 진정성만으로는 충분하지 않다.

사람들이 좋아할 인간적 매력이 더해져야 한다. 파타고니아의 진정성은 '환경보호'라는 모든 사람이 좋아하고 공감하는 미션에 대한 진정성인 것이다.

인간적 브랜드의 충분조건 5가지

아티스트인 스티브 샘슨Stephan Sampson은 『직함이 없는 지도자들Leaders Without Titles』에서 다른 사람을 압도하는 권위를 갖고 있지 않더라도 사람들을 끌리게 하는 다섯 가지 인간적 매력을 설명한다. 물리성, 지성, 사회성, 감성, 도덕성이 주인공이다.

물리성은 브랜드가 가지는 물리적 매력을 이야기한다. 멋진 디자인, 차별화한 성능, 확실한 고객경험과 같은 것을 뜻한다. 애플은 차별화한 디자인과 매끄러운 사용자 인터페이스로 유명하다. 또한 이런 물리적 차별성이 1회적이 아니라 최초의 매킨토시 컴퓨터에서부터 아이팟과 아이폰에 이르기까지 진정성 있게 지속돼왔다. "우리 모두는 우주에 흔적을 남기기 위해 이곳에 왔다"는 스티브 잡스의 말처럼 애플은 브랜드의 물리성에서 확실한 차별화를 남겼다.

지성은 초월적 사고·혁신 능력과 밀접한 관련이 있다. 주의할 점은 이 혁신 능력이 고객의 문제를 해결할 능력이 있다는 설득력을 가져야 한다. 테슬라는 전기차 분야에서 혁신을 일으켰다. 전기차에 대해 고객이 생각하는 문제(제로백의 파워, 충전의 편의성, 디자인 등)를 해결할 수 있는 설득력을 보여줬다. 양산성 측면에서 실망스러운 부분도 있지만 고객들은 테슬라에 열광한다.

사회성은 고객과 대화하는 것을 즐기는 브랜드다. SNS 등을 통한 고객의 목소리를 경청한다. 재미있는 콘텐츠를 만들어 SNS상에서 화제도 유발하고 커뮤니티를 만들어 브랜드에 대한 적극적 대화를 유도하기도 한다. 국내의 대표적 사교적 브랜드로는 '배달의민족'이 떠오른다. 배달의민족은 '배짱이'라는 커뮤니티 활동과 화제를 모으는 다양한 콘텐츠 등 고객의 목소리를 경청하려고 노력한다.

해외의 사교적 브랜드 사례로는 자포스를 들 수 있다. 자포스는 피자 가게 위치를 묻는 고객의 엉뚱한 질문에도 성실하게 답해준다. 콜센터에서 고객과 가장 오래 통화한 시간이 무려 10시간 29분에 달한다고 한다.

감성은 공감을 통해 고객에게 호의적인 감정과 행동을 유도할 수 있는 가장 효과적 브랜드다. 리츠칼튼 호텔의 '기린 인형 조시' 이야기가 대표적이다. 또 오리온의 '초코파이 정情' 캠페인은 어떤가? 집배원에게 초코파이를 전달해주는 정 캠페인은 실제로 수많은 아이들이 집배원에게 초코파이를 전달해주면서 잔잔한 감동을 줬다.

도덕성은 윤리적이고 강력한 성실함을 보여주거나 도덕적 기준을 보여주는 브랜드다. 파타고니아처럼 환경보호를 위해 '우리 제품을 사지 말라'고 용기 있게 말할 수 있는 브랜드가 도덕적 브랜드다. 사람들은 이런 도덕적 브랜드의 진정성 있는 이야기에 매혹당한다. 진정성 있게 수십 년간 '우리 강산 푸르게 푸르게'라는 환경보호 캠페인을 지속하는 유한킴벌리 같은 회사가 한국의 도덕적인 브랜드다.

추가적으로 인간적 브랜드와 관련해 '페르소나'를 창조하라고 제언하고 싶다. 가상으로라도 아주 구체적 고객을 상정하라는 것이다. 고객을 손에 잡힐 정도로 마치 자기 친구처럼 알아야 한다는 것이다. 단순히 성별, 연령, 지역, 소득이 아니라 무엇을 좋아하고 싫어하는지 등 사회 주요 이슈에 대한 의견이나 가치관 등을 그릴 수 있어야 한다는 것이다. 인간적 브랜드가

돼 고객의 외로움을 해결해주기 위해선 고객의 시각에서 페르소나를 가져야 한다. 고객들이 정말 자기 친구나 연인처럼 구체성을 가지고 인간적임을 느낄 수 있어야 한다는 것이다.

애플은 스티브 잡스를 통해 그리고 테슬라는 일론 머스크를 통해 기업의 페르소나를 창조했다. 배달의민족 페르소나는 〈무한도전〉을 즐기고 '짤방'이나 '병맛'과 같은 B급 코드와 문화를 이해하고 즐기는 사람이다. 진정성이라는 필요조건에 브랜드의 성격에 맞는 다섯 가지 매력의 충분조건을 갖추고 여기에 손에 잡히는 구체적 기업의 페르소나를 창조할 수 있다면 외로움의 시대에 인간적 브랜드로 고객에게 다가갈 수 있을 것이다.

아마존의 자회사이자 온라인 신발 판매 업체인 자포스의 고객 추천율NPS은 90점이 넘는다. 10명 중 9명 이상의 고객이 자기 주변의 사람을 자포스로 연결시킨다는 것이다. 자포스가 항상 오롯이 한 사람에게 집중하기 때문이다. 자포스는 고객 대상 콜센터를 '콘택트 센터'란 이름으로 운영한다. 이 콜센터는 다른 방해를 받지 않고 전화로 고객과 5~10분 정도 이야기할 수 있는 곳이다. 고객을 뭉뚱그려 단순히 고객으로 정의해버리면 5~10분간 통화할 수 없다.

아마존의 자회사이자 온라인 신발 판매 업체인 자포스의 고객 추천율은 90점이 넘는다. 10명 중 9명 이상의 고객이 자기 주변의 사람을 자포스로 연결시킨다는 것이다. (출처: 자포스)

한 사람 한 사람에게 집중해 얘기할 때 개인적 또는 감정적 유대감을 쌓을 수 있다. 고객의 어머니가 사망했다는 이야기에 같이 눈물을 흘리며 꽃을 보내주기도 하고 때로는 슬픔에

자포스 패밀리 뮤직 비디오, 자포스의 핵심가치 중 첫 번째는 서비스를 통해 고객에게 놀라움을 주는 것이다. (출처: 유튜브)

잠긴 고객과 10시간 이상 통화할 수도 있다.[*] 자포스는 물류

센터도 단순 배송센터가 아닌 '고객 주문 이행 센터Fulfillment

---

[*] 자포스 콜센터 '콘택트 센터'의 통화시간 최고 기록은 10시간 29분이다. 자포스는 고객과 사소한 신변 이야기를 나눌 수 있는 친구 같은 콜센터를 지향한다.

자포스 고객 주문 이행 센터 (출처: 자포스)

Center'라고 표현한다. 대부분의 온라인 거래 업체들은 재고를 보유하지 않고 고객 주문이 들어오면 고객의 주문을 제조업체로 던져버린다. 거기에는 주문만 있지 '사람'이 없다. 자포스는 제품을 사 재고를 보유하고 고객이 주문하면 바로 그 제품을 찾아 배송한다. 물류비용과 재고비용이 더 들지만 오롯이 고객 한 사람에게 집중해 그의 주문을 이행한다는 생각으로 접근하기 때문에 가능한 일이다.

2장

추천, 공유, 구독, 맞춤 마케팅
: 이끌거나 따르거나

이끌어라: 취향을 저격하라

북클럽으로 고객을 이끄는 최인아책방

2016년 '최인아책방'이라는 서점이 서울 선릉역 인근에 생겼다. 유럽식의 높다란 천장과 그랜드 피아노가 눈에 띄는 곳이다. 최인아책방이 추구하는 가치는 큐레이션이다. 단순히 서적을 유통하는 공간으로서의 서점이 아니라 너무 많은 정보로 '결정 마비'에 빠진 현대인에게 큐레이션의 가치와 길을 선사하고 있다. 더 나아가 '생각'이라는 가치를 전달한다. 광고대

행사 카피라이터라는 범상치 않은 이력을 가진 주인 최인아 대표는 자신의 취향을 바탕으로 대중에게 직접 가이드를 제시한다. 책방을 찾은 이에게 "어떤 책을 찾으세요?"라고 묻거나 매월 자신이 읽은 좋은 책을 페이스북에 소개한다. 책방을 찾았지만 주인에게 도움을 받기가 쑥스럽다면 1층 서가 한쪽에 있는 책장을 활용해보길 권한다. 해당 책장은 책방 주인의 지인들이 추천한 책을 큐레이션하는 역할을 한다.

최인아책방은 최근 멤버에게 매월 한 권의 책을 보내주는 '북클럽' 서비스도 론칭했다. 오프라인 공간에서의 '취향 저격 서비스'가 우편배달로 그 영향력을 넓히는 모습이다. 요즘엔 히트곡 대신 취향을 파는 독립 음반점도 등장하고 있다. 이 음반점들에서는 방탄소년단이나 트와이스 등의 아이돌 음반은 찾을 수 없다. 음반 가게 주인의 취향에 맞는 음반만 팔고 추천하기 때문이다. 일종의 음악에 대한 취향 저격인 셈이다.

동네 서점이나 독립 음반점의 유행을 아날로그의 부활로 보는 사람이 많다. 디지털에 지치고 싫증난 사람들이 책장을 넘기는 소리나 LP판 특유의 지직거리는 소리 등 아날로그적 가치를 찾는 현상이라는 시각이다.

경험의 백화점으로 고객을 이끄는 스타필드

복합 쇼핑몰 스타필드 하남의 연간 방문객이 개점 1주년을 맞은 2017년 9월을 기준으로 2,500만 명이다. 하루 평균 7만 명 수준이다. 영업 첫해 매출은 8,500억 원에 달한다. 2017년 8월 문을 연 스타필드 고양의 돌풍도 만만치 않다. 2017년 추석 연휴 내비게이션 검색 1순위는 공항이나 고향이 아닌 고양이었다고 한다. 스타필드에 많은 사람이 모이는 이유는 뭘까? 신세계그룹은 스타필드 오픈 전 단지 좋은 물건을 좋은 가격에 파는 '상품 백화점' 정도로는 고객에게 매력적으로 다가가기 어렵다는 답을 내렸다. 이후 많은 실험을 통해 재미있는 경험을 모아놓은 '경험의 백화점' '취향의 백화점'을 선보일 수 있었다.

혹자는 스타필드는 신세계 정용진 부회장 개인의 '취향 백화점'이라는 말을 하기도 한다. 통상 명품이나 화장품으로 구성되는 백화점 1층에 개방형 쿠킹 스튜디오와 도자기 공방을 배치했고 아쿠아 체험 공간 '아쿠아필드', 남자들의 놀이터 '일렉트로 마트', 남자들의 로망이라는 바이크와 모터 숍 그리고 가구와 카페를 결합한 '카레클린트 카페' 등을 통해 고객의 취향을 묻기보다 따르라고 당당하게 요구했기 때문이다. 독일

스타필드 하남

의 심리학자 에리히 프롬Erich Fromm이 저서 『자유로부터의 도피』에서 얘기했듯이 원래 인간은 자유를 좋아하지 않았다. 그 결과 스타필드는 가성비가 아닌 '가심비'를 충족시켜 호황을 누리고 있다.

따라가라: 편리미엄*으로 승부하라

중국 '허마센성' 열풍의 비결

---

* 편리함과 프리미엄의 합성어.

중국에서는 알리바바가 운영하는 '허마셴성'이라는 오프라인 매장이 화제가 되고 있다. '하마의 신선식품'이라는 뜻이다. 2015년 등장한 이 매장에서 고객은 물건을 직접 담는 대신 QR코드로 모바일 장바구니에 물건을 담아 주문하면 된다. 고객의 주문이 접수되면 매장 내 직원들이 바삐 뛰어다니며 제품을 실제 장바구니에 담고 이를 물류센터로 보낸다.

매장은 제품을 전시하는 곳이고 창고인 동시에 배달센터도 되는 셈이다. 허마셴성은 모바일 애플리케이션(앱) 또는 현장에서 구매한 제품을 마트 3킬로미터 이내의 고객에게 30분 내로 배송해주고 있다. 허마셴성의 장점은 고객이 직접 고른 신선식품을 이른 시간 안에 배달해주는 데 있다. 신선식품을 온라인 마켓에서 구매하길 꺼리는 고객의 심리를 겨냥한 셈이다. 물론 기존 '아마존고' 등 혁신적 매장에서 구현됐던 '무거운 카트나 장바구니를 들고 다닐 필요 없고 계산대 앞에서 기다릴 필요도 없이'는 기본이다. 허마셴성의 고객은 월평균 4.5회 구매하고 해당 매장의 단위 면적당 매출은 일반 슈퍼마켓의 3~5배 수준이다. 허마셴성은 허셴권*이라는 말을 만들어

---

* 허마셴성의 배달 가능한 권역(매장 반경 3킬로미터)을 의미한다.

물건을 직접 담는 대신 QR코드로 모바일 장바구니에 물건을 담아 주문하는 알리바바의 신선식품 매장 '허마셴성'

내며 중국 전역으로 빠르게 확산되고 있다.

알리바바 온마인과 아마존 예측 배송

2017년 여름 알리바바가 항저우에서 오픈한 간식 식품관인 '온마인ONMINE'은 유통 4.0 시대를 겨냥한 신개념 매장이다. 전체 식품 판매액의 30%를 차지하며 특히 젊은 여성들의 구매가 많은 간식에 빅데이터를 접목했다. 반경 5킬로미티 내에 있는 20만 명에 달하는 간식 마니아의 소비 성향과 취향 등을 분석해 일본의 '백색연인', 한국의 '바나나 맛 우유' 등 선호도가 가장 높은 메뉴를 온라인과 동일한 가격에 제공하고 식품관 면적의 3분의 2에 해당하는 체험 무료 시식 공간 등으로 인기를 끌고 있다.

알리바바에 '온마인' 유통 4.0이 있다면 아마존에는 인공지능 알렉사에 기반한 '예측 배송'이 존재한다. '아마존고'나 자주 쓰는 생필품을 터치 한 번으로 바로 집으로 배송해주는 '대시버튼'에서 더 나아가 고객보다 먼저 고객의 니즈를 찾아서 알려주는 게 예측배송이다. 즉 고객이 어떤 상품을 원하기 전에 유통 업체가 먼저 "넌 이 상품이 필요할 거야."라고 제안하는 것이다. 아마존의 음성 인식 기반 인공지능 '알렉사'는 모바일의 애플리케이션에 해당하는 스킬의 수가 이미 2만 5,000개를 돌파했다. 알렉사를 통해 고객의 집과 거실을 장악한 아마존은 고객의 빅데이터를 빠르게 수집하고 있다. 유통 4.0 시대의 핵심인 고객의 빅데이터에 기반해 고객이 필요로 하는 물건을 파악하고 예측 배송을 제안하는 시대로 아마존답게 빛의 속도로 움직이는 셈이다.

유통의 진화와 관련해 두 가지 방향이 있다. 최인아책방처럼 고객에게 자신만의 차별화된 가치를 제공해 이끌거나 알리바바와 아마존처럼 고객을 중심에 두고 철저히 따라가거나이다. 연결성의 시대가 되면서 고객은 궁극적으로 '자기를 이끌어주거나 자신을 따르거나'의 두 가지 가치에 끌릴 것이다.

유통 4.0 시대의 가치: 발상을 전환해라

마케팅을 '4P 전략'의 관점에서 보면 가치Product+Price를 고객에게 전달 유통하고 이 과정에서 잘 알리기 위해 광고 등 판매촉진을 하는 것이다. 이 중 유통의 진화는 범위, 속도, 선택권 확장의 역사라고 할 수 있다. '유통 1.0'의 시대는 증기기관의 발명에 따라 자급자족을 넘은 제품의 공급이 가능해지면서 상점들을 통해 제품의 일상적 거래가 가능해졌다. 다만 이때는 범위도, 속도도, 선택할 수 있는 제품의 종류도 매우 제한적이었다. '유통 2.0'의 시대는 전기의 발명으로 대량생산이 가능해지면서 넘쳐나는 제품들을 효율적으로 팔기 위해 제품들을 한자리에 모아놓고 소비를 강조하는 백화점으로 대변된다. 그런데 많은 경우 유통의 혜택은 도시에 한정되어 있었다.

'유통 3.0'의 시대에는 정보 혁명으로 인터넷의 온라인몰 등을 이용한 상품 선택이 무한히 확장됐다. 특히 도시 외로 전달의 범위도 넓어졌으나 속도에서 한계는 존재했다. 그래서 '유통 3.0' 시대의 대표 기업인 아마존, 알리바바, 징둥 등이 대규모 적자를 감수하면서까지 물류센터 건립에 사활을 걸었다. 그러나 '유통 3.0' 시대에는 온라인과 오프라인의 단절로 인한 불편이 존재했다.

최근의 옴니채널은 바로 이 온라인과 오프라인의 단절을 고객을 중심으로 통합해서 없애는 것이다. 신선 식품을 담을 필요 없이 QR 코드로 결제하면 30분 이내에 집으로 배달해주는 알리바바의 신선 식품 매장 '허마셴성'이 바로 대표적인 옴니채널의 서비스다. 그러나 옴니채널은 본질적인 가치의 변화가 있지 않다는 점에서 '유통 4.0'이라고 부르기보다는 '유통 3.5'라고 부르는 게 맞을 거 같다.

'유통 4.0' 시대의 가치는 무엇일까? 이른바 4차 산업혁명이 진행되면서 오늘날을 '나우Now'의 시대, 위대한 제품이 일상인 시대, 너무나 많은 상품에 대한 선택지가 있는 시대라는 얘기가 나온다. 이제 유통의 가치는 발상의 전환에서 나와야 한다. 제품 전달 범위, 속도, 선택 종류 확장 등의 양의 경쟁이 아닌 새로운 차원의 경쟁이 필요하다. 고객의 선택을 넓혀주는 것이 아니라 좁혀줘야 한다.

소비 패러다임 변화

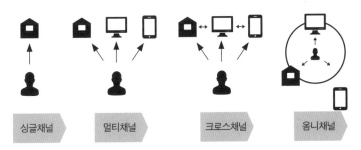

싱글채널   멀티채널   크로스채널   옴니채널

옴니채널 전략

오프라인 대형마트들은 온오프라인을 통합한 '옴니채널' 전략으로 아마존드의 파고를 넘어설 것으로 보인다.

이 좁혀주는 경쟁에는 두 가지 방법이 존재한다. 나의 확고한 취향을 바탕으로 고객들을 따라오라고 자신 있게 얘기하거나, 아니면 빅데이터 기반으로 필요로 할 것 같은 시간에 원하는 그 제품을 묻지 않고 고객에게 전달하는 게 필요하다. 즉 이끌거나 따르거나의 두 가지 접근만이 존재한다.

3장

고객경험 마케팅
: 어떻게 오프라인 매장은 부활했는가

필자는 과거 삼성전자 재직 시절 회사 내에서 전 세계 매장을 가장 많이 방문한 사람 중 하나였다. 어느 날 전략 회의 시간이었다. 당시 사장은 내게 몇 개의 매장을 방문해봤냐고 질문했다. 계산해보니 약 10년에 걸쳐 약 1만 개의 매장을 방문했다. 정말 다양한 나라의 다양한 매장들이 기억에 남는다.

인도네시아 록시마스 휴대전화 쇼핑몰의 3제곱미터(1평) 정도의 그 '복작복작'했던 매장에서부터 뉴욕 맨해튼의 광대했던 애플 매장, 남아프리카공화국의 경비가 삼엄했던 MTN(남아공의 다국적 통신 기업) 매장, 중국 쓰촨성 청두에서 4시간을 달려 마을 축제처럼 열었던 휴대폰 매장 개업식에 이르기까지…….

그런 필자에게 최근 오프라인 매장 부활의 소식은 너무나 반가운 일이다. 그런데 오프라인 매장의 부활이라고 하지만 모든 오프라인 매장의 부활은 아니다. 2019년 1월 미국 메이시스백화점이 1분기에 63개 매장을 폐점하고 1만 명을 감원하겠다고 밝혔다. 또 다른 백화점 체인 시어스도 전국에서 150개의 매장을 줄이겠다고 밝혀 충격을 줬다.

크게 오프라인 매장이지만 연결성을 강화한 아마존과 오직 한 명의 고객에 집중하는 트레이더조 그리고 판매가 아닌 새로운 다움을 창조해 오프라인 매장 부활에 성공한 사례들을 본다. 사실 메이시스는 옴니채널을 가장 먼저 성공적으로 도입한 백화점 중 하나였다. 그런데 그러한 노력으로도 지속적인 고객의 감소를 견디지 못한 것이다. 이런 사례들을 바탕으로 오프라인 부활의 조건들을 살펴본다.

연결성을 강화한 아마존 북스

아마존은 2017년 5월 25일(현지 시간) 미국 뉴욕 맨해튼에

뉴욕 맨해튼의 아마존 북스

일곱 번째 서점 '아마존 북스'를 오픈했다. 이 매장은 지리적으로 2011년 미국 2위 서점 체인인 '보더스'가 같은 장소에서 매출 부진으로 문을 닫은 바 있다. 미국 최대 서점 반스앤드노블 역시 한 블록 떨어진 곳에서 매장을 냈다가 철수한 전력이 있다.

아마존은 왜 이 자리에 오프라인 서점을 열었을까? 사실 장소 선정에서 유추해보면 조심스럽던 아마존의 오프라인 서점 오픈이 이제 좀 더 공격적이고 대담하게 변했다는 것을 알 수 있다. 무엇이 아마존을 대담하게 만들었을까? 아마존은 온라인 공룡이지만 그 누구보다 린스타트업이라는 스타트업의 실행 방식으로 기업을 운영한다는 것을 생각해보면 이번의 행보는 정말로 의외다.

린스트타업은 아이디어를 빠르게 최소 투자 제품(시제품)으로 제조한 뒤 시장의 반응을 통해 다음 제품 개선에 반영하는 전략이다. 아마존의 행보에서 객관적인 데이터가 없어 조심스럽지만 오프라인 진출이 성공적이라고 해석한다면 그 성공 요인을 살펴볼 필요가 있다고 생각한다.

그 요인은 첫째, 연결성의 경험이다. 아마존 서점에는 고객 리뷰가 1만 건 이상 쌓인 책들만 모아 소개하는 코너가 따로 있다. 책 바로 밑에 고객들의 후기를 그대로 옮겨놓았다. 생생한 짧은 서평을 보고 구매 여부를 결정하라는 뜻이다. 즉 이 책에 대해 싱가포르의 독자는 어떻게 생각하고 런던 독자는 어떻게 생각하는지 지구촌 연결성의 경험을 할 수 있다는 것이다. 또 더 나아가 '뉴욕에서 잘 팔리는 소설'이라는 코너도 있다. 내 이웃들이 어떤 책을 좋아하는지도 알 수 있다. 아마존은 글로벌 연결성과 내 이웃의 연결성 경험을 통해 고객들이 이곳에서 '발견하고 발굴하는 재미'를 느끼게 하고 싶은 것 같다.

둘째, 빅데이터를 활용해 고객의 선택에 실질적으로 도움을 주는 것이다. 오프라인 서점에 가면 베스트셀러 코너가 있다. 하지만 우리는 그것이 정말로 베스트셀러인지 확신하지 못한다. 아마존은 최근 '아마존 차트'를 새로 선보였다. 1주일에 한 번씩 업데이트되는 이 순위는 단순히 종이책과 전자책 판매량을 합산한 결과가 아니라 전자책 단말기 '킨들'과 오디오북 '오더블' 등을 사용하는 고객들의 책 이용 행태와 독서 행태까지 고려하고 있다. 이를 통해 고객이 얼마만큼 해당 서적을 오래 읽었는지도 '아마존 차트'에 합산한다. 『뉴욕타임스』나 『월스트리트저널』이 공개하는 인기 도서 순위와 다소 다른 베스트셀러에 대한 리얼 데이터인 것이다.

한 명의 고객에게 집중한 트레이더조

트레이더조라는 미국 유기농 슈퍼마켓이 있다. 이 체인 슈퍼마켓은 '낡은 볼보 자동차를 모는 실직한 대학교수'를 타깃으로 하고 있다. 타깃의 모습이 너무나 선명하지 않은가. 제품 하나하나를 아주 까다롭게 고르고 가성비를 극단적으로 따지고 모든 것에 대해 까탈스러운 사람들을 대상으로 한다.

미국 유기농 슈퍼마켓 트레이더조. 이 체인 슈퍼마켓은 '낡은 볼보 자동차를 모는 실직한 대학교수'를 타깃으로 하고 있다.

사실 트레이더조의 취급 품목은 대형마트들의 10분의 1 수준인 4,000개밖에 되지 않는다. 타깃이 명확하다 보니 취급물품의 적은 숫자가 이해가 가기도 한다. 하지만 어떻게 이 까다로운 실직한 대학 교수들이 트레이더조의 제한된 품목만의 '오직 당신만을 위해Only For You'라는 오퍼를 받아들이게 됐을까.

사실 '온리 포 유'의 밑바닥에는 신뢰라는 가치가 숨어 있다.

우리는 왜 비교를 할까? 믿지 못하기 때문이다. 어린이는 부모가 주는 음식을 다른 것과 비교하지 않는다. 거기에는 내게 제일 좋은 것을 주기 위해 가장 좋은 것을 골랐을 것이라는 신뢰의 경험이 밑바닥에 있는 것이다.

트레이드 조의 전 직원은 인터뷰에서 이렇게 이야기했다.

"트레이더조가 오직 한 종류의 그리스 올리브를 판매한다고 하더라도 고객들은 기꺼이 받아들입니다. 그들은 트레이더조가 찾은 가격 대비 최상의 제품이라고 확신하기 때문입니다."

우리가 잘 아는 코스트코도 오프라인 매장 성공의 다른 형태의 사례일 수 있다. 코스트코는 아마존의 수십만 개, 월마트의 14만 개에 비해 단 4,000개의 제품만 팔고 있다. 이런 방식으로 코스트코는 월마트의 9차례에 비해 1년에 13차례 재고를 소진하고 있고 그 혜택을 고객들에게 가격으로 돌려주고 있는 것이다. 또 다른 사례는 '고객 고뇌의 해결사'로 불리는 스튜레너드 슈퍼마켓이다. 그들도 오직 엄선한 2,200개의 제품만 큐레이션해 판매하므로 고객의 '선택의 즐거움'이 아닌 '선택의 고뇌'를 덜어주고 있다.

온라인 대비 오프라인에서 성공하는 매장들은 온라인의 롱테일에 비해 극단적으로 적은 수의 제품만 취급함으로써 차별화에 성공했다. 하지만 단순히 적은 수의 제품만 취급하는 것을 넘어 여기에 트레이더조는 신뢰를, 코스트코는 온라인보다 더 싼 가격을, 스튜레너드 슈퍼마켓은 큐레이션을 통한 오프라인 매장의 성공을 이끌고 있다.

새로운 다움의 공간을 창조한 매장들

버버리는 런던 리젠트 스트리트에 있는 플래그십 매장을 필두로 전 세계 주요 매장을 패션쇼장으로 활용하고 있다. 버버리 월드 라이브라는 별칭이 붙은 이 매장에는 초대형 디지털 화면과 수백 개의 음향 스피커가 설치돼 있고 실감나는 패션 쇼가 실시간으로 중계되고 있다.

또 다른 영국 패션 브랜드 톱숍은 매장 방문 고객에게 가상 현실VR을 통해 가을겨울FW 컬렉션 패션쇼를 체험하게 한다. 『보그』의 편집장인 안나 윈투어Anna Wintour 옆에서 패션쇼를 감상하는 것과 같은 경험 말이다.

네스프레소는 매장에서 커피 클래스를 운영한다. 참여한 사람들에게 커피의 기원, 브루잉, 커피 칵테일 등 다양한 클래스를 운영하고 있고 이웃과 네트워킹을 할 수 있는 커뮤니티 프로그램으로 발전시키기도 한다. 요가복의 샤넬이라고 불리는 룰루레몬도 전문 요가 강사 또는 요가업계 전문가를 매장 직원으로 채용해 매장에서 바로 강습을 받을 수 있도록 하고 정기적으로 대대적인 요가 클래스를 운영하기도 한다.

미국의 대표 소매업체인 월마트는 모바일·온라인 쇼핑에 특화된 아마존에 밀려 고전을 면치 못하고 있다. 월마트의 2016년 매출은 전년 대비 0.7% 줄어든 4,821억 달러를 기록했다. 이는 35년 만에 처음 있는 매출 역성장이다. 영국 최대 소매 업체인 테스코도 온라인 쇼핑을 간과하고 오프라인 매장을 확장했다가 2014년 세전 기준 약 10조 원 정도의 손실을 냈다. 이는 창업 후 96년 만의 최악의 실적이다. 한국도 2018년 5월까지 온라인 쇼핑의 매출이 약 25조 원으로 백화점의 2배로 크게 성장했다.

칸타월드의 고객 조사를 봐도 국내 고객의 59%가 쇼루밍족(오프라인 매장에서 제품을 살펴본 후 실제 구입은 온라인 사이트를 통하는 사람들)에 속한다. 가히 오프라인 매장의 위기라고 할 수 있다. 위기에서 벗어나는 길은 온라인 연결과의 경험을 매장으로 가져오든지, 온라인 롱테일의 대척점에 서면서 '온리 포유'의 경험을 선사하든지, 아니면 판매라는 제한된 생각에서 벗어나 매장을 시대에 맞는 새로운 '다움'의 공간으로 보고 새로운 용도를 적극적으로 개발하거나 더해보자.*

---

* 요즘 국내에 화제가 되는 다움의 공간으로는 아모레 제품의 체험에 중점을 둔 '아모레 성수', 쇼룸, 브랜드 뮤지엄, 전시장, 카페 정원이 한자리에 모인 복합문화공간인 '시몬스 테라스', 그리고 세상을 놀라게 하자라는 미션의 젠틀 몬스터가 2015년 계동의 오래된 목욕탕을 개조해 만든 배스하우스 등을 언급하는 사람이 많다.

4장

콘텐츠 마케팅
: 어떻게 방탄소년단은 글로벌 시장을 재패했는가

왜 입소문이 나는 콘텐츠인가

눈에 확 띄는 '보랏빛 소'

"이제 우리에게 남은 마케팅 전략은 오로지 콘텐츠 마케팅뿐이다." 『보랏빛 소가 온다』는 책으로 유명한 세스 고딘의 말이다. 만약 여행 중 '보랏빛 소'를 본다면 거의 대부분이 바로 사진을 찍어 SNS에 올릴 것이다. 보랏빛 소는 눈에 확 들어오는데다 놀라우며 이야기하고 싶은 욕구를 불러일으키기 때문이다. 세스 고딘은 누구보다 입소문의 힘과 콘텐츠 마케팅의

보랏빛 소는 눈에 확 들어오는데다 놀라우며 이야기하고 싶은 욕구를 불러일으킨다.

힘을 아는 사람이다. 그가 '보랏빛 소'라는 단어를 만든 이유다.

콘텐츠가 왕인 '연결성의 시대'다. SNS로 콘텐츠의 주도권이 기업에서 고객에게 넘어오면서 고객에게 의미 있고 가치 있는 콘텐츠만이 고객을 유입하고 유지할 수 있다. 마케팅적으로도 다른 마케팅 비용 대비 효율이 높고 이를 넘어 어쩌면 유일하게 고객에게 의미를 부여할 수 있는 만큼 콘텐츠 마케팅의 시대라고 단언할 수 있다. 하지만 콘텐츠 마케팅은 어렵다. 아니, 고객에게 도달되는 콘텐츠를 만들기가 어렵다. 연결성의 시대가 주는 역설 때문이다. 연결성의 시대가 되면서 고객은 너무나 많은 정보를 알고 있다. 누군가는 이런 고객을 '정보통' 고객이라고 얘기한다.

동시에 이 고객들은 너무나 산만하다. 우리 자신을 떠올려보자. 몇 분이나 온전히 집중할 수 있는지……. 카톡, 밴드, 전화, 문자가 끊임없이 울리면서 우리의 정신을 분산시킨다. 미국 국립생물공학정보센터 조사에 따르면 사람의 주의지속시간은 8초라는 연구 결과가 있다. 2000년에는 12초였지만 최근의 스마트폰과 연결된 세상의 끊임없는 자극들로 4초 줄었다고 한다. 참고로 금붕어의 주의지속 시간은 9초다. 아는 것이 많으니 호기심을 가지기 어렵고 산만해서 집중하지도 못한다. 많이 알고 산만한 고객에게 기업이 어떤 메시지를 의도적으로 전달하는 것은 너무도 어려운 일이다.

어떻게 입소문이 나는 콘텐츠를 만들 것인가

콘텐츠 마케팅의 방법은 좋은 콘텐츠를 만들어야만 가능하다. 그러면 좋은 콘텐츠는 어떻게 만들까? 어릴 때 우리는 좋은 이야기는 육하원칙을 따라야 한다는 얘기를 많이 들었다. 즉 잘 들리는 이야기는 누가, 언제, 어디서, 무엇을, 어떻게, 왜 라는 구조를 가져야 한다고 배웠다. 육하원칙에 따라 콘텐츠 와 콘텐츠 마케팅을 이야기해보자. 다만 기업의 관점에서 콘 텐츠 마케팅을 하는 것인 만큼 '누가'와 '왜'의 문제는 건너뛰 도록 하자.

고객이 검색하는 그 순간에 존재 (언제)

콘텐츠 마케팅 혹은 SNS 마케팅의 '언제' 시점과 관련해 아 이돌 그룹 '방탄소년단' 이야기를 하지 않을 수 없다. 많은 사 람들이 방탄소년단의 성공 요인으로 데뷔 전부터 매일 일기 쓰듯 올린 블로그를 얘기하기 때문이다. 오늘날 연결성 시대 의 다른 용어는 '나우Now의 시대' '즉시의 시대'다.

고객은 기다려주지 않는다. 고객이 검색하는 순간 그 최초 의 순간에 있어야 한다. SNS 시대의 콘텐츠 마케팅에서 시점 이 중요한 이유다. 이와 관련해 앞에서 소개한 '진실의 순간'을 떠올려보자. 마케팅에서는 고객이 최초로 제품을 만나고 구매 를 결정하는 순간을 의미한다. 적자에 허덕이던 스칸디나비 아항공을 1년 만에 흑자 전환시킨 얀 칼슨Jan Carlson 사장은

2019년 뉴욕 공연 중인 방탄소년단

"기업이 고객과 만나는 1초 동안 고객을 평생 단골손님으로 만들 수 있을지를 결정하는 그 순간이 곧 진실의 순간"이라고 말했다.

구글은 최근 '0번째 진실의 순간'을 새롭게 부각시켰다. 고객은 매장에서 제품을 만나기 전이나 대면 접촉하기 전, 모바일폰이나 PC 화면에서 검색을 통해 제품을 만난다는 것이다. 방탄소년단은 데뷔 전부터 블로그에 일기 형식으로 자신들의 이야기들을 진솔하게 올렸다. 0번째 진실의 순간에 그들의 이야기, 즉 콘텐츠는 고객 검색의 접점에 있어야 한다. 그것은 남들이 모르는 적어도 나만 아는 이야기였다. 나(고객)는 그 이야기를 열성적으로 퍼 날랐다.

인간의 얼굴을 한 나만의 이야기 (무엇을)

유튜브는 몇 년 전부터 광고에 대한 선택권을 고객에게 돌려주고 있다. '트루 뷰True View'라는 5초 혹은 3초 후 스킵할 수 있는 광고가 그것이다.

이는 고객을 고려한 광고 형태로 기존 정보 주입적 광고 방식에서 탈피한 것이다. 광고를 볼 것인지 말 것인지의 선택권을 고객에게 넘기는 방식이다. 고객은 대부분이 광고를 건너

'광고 건너뛰기' 기능을 통해 광고에 대한 선택권을 고객에게 돌려주고 있는 유튜브. (출처: 유튜브 캡처)

뛴다. 하지만 유튜브 조사 결과 고객이 건너뛰지 않은 광고도 있었다. 그들은 그런 광고를 '인간의 얼굴'을 한 광고라고 칭했다. 여기에서 말하는 인간의 얼굴이란 공감을 불러일으키는, 인간으로서 같은 감정을 불러일으키는 광고를 뜻한다. 보는 사람을 소외시키는 대신 몰입감과 공감을 주는 광고를 의미한다.

유튜브에서 예로 든 광고는 크리스마스에도 너무 바빠 모이지 못하는 가족을 둔 어느 노인의 이야기를 그린 쇼핑몰 광고였다. 노인은 크리스마스에도 만나기 어려운 가족을 모으기

외로운 노인의 크리스마스 광고. 노인은 크리스마스에도 만나기 어려운 가족을 모으기 위해 '자신이 죽었으니 장례식에 오라'는 거짓 메시지를 보낸다. 그동안의 무심을 후회하며 모인 가족에게 노인이 등장해 같이 크리스마스 저녁을 함께한다는 줄거리의 광고다. (출처: 유튜브 캡처)

위해 '자신이 죽었으니 장례식에 오라'는 거짓 메시지를 보낸다. 그동안의 무심을 후회하며 모인 가족에게 노인이 등장해 같이 크리스마스 저녁을 함께한다는 줄거리의 광고다. 대부분이 공감하는 '바쁜 현대인의 일상'과 '부채감이 있는 외로운 노인'의 이야기였다. 해당 영상은 광고임에도 불구하고 5,000

만 건 이상을 조회했고 수많은 사람들이 공유했다. 좋은 이야기와 콘텐츠라면 그것이 광고라고 하더라도 고객이 기꺼이 공유한다는 방증이다. 특히 이 인간의 얼굴을 한 이야기가 나만의 이야기일 때 사람들은 열광한다.

기승전결과 반전의 이야기 구조 (어떻게)

콘텐츠가 사람들의 호기심을 자극하려면 어떻게 해야 할까? 좋은 이야기는 일반적으로 기승전결의 구조를 가지고 있다. 물론 '움짤'이나 '짤방' 등 맥락 없는 콘텐츠가 유행하기도 한다. 하지만 공감을 불러일으키며 공유되는 콘텐츠는 기승전결이라는 이야기의 구조를 가지고 있다.[*]

2017년 8월 이마트는 맥주 광고를 선보였다. 이마트에는 수입 맥주가 많다는 메시지를 담았다. 내용은 어느 젊은 부부

---

[*] 기승전결과 반전의 구조와 요즘 유행하는 맥락 없는 '짤'과 인터넷 밈 meme 현상을 어떻게 동시에 이해해야 할까? 짤은 말 그대로 인터넷에 돌아다니는 1~2초 내의 짧은 이미지를 말하고 밈은 문화적 파급력을 가진 짧은 이미지를 말한다. 짤이 하나의 유행이나 문화로 파급력을 가진다면 밈이 되는 것으로 이해된다. 이런 맥락 없는 짧은 이미지와 '기승전결과 반전의 구조'의 관계는 펭수의 예처럼 맥락을 통해 하나의 관계 또는 이미지가 형성된 후에 '짤'을 통해 패러디나 재가공을 통한 놀이가 만들어진다는 점에서 콘텐츠의 '기승전결과 반전의 구조'는 최초 콘텐츠의 임팩트를 위해 짤과 밈이 유행하는 오늘도 중요하다고 할 수 있다.

이마트 맥주광고와 72초 TV

의 쇼핑 이야기이다. 주말이니 맛있는 것을 좀 먹자는 남편과 내 집 마련과 대출 등 현실적 어려움 때문에 안 된다는 아내. 두 사람의 갈등(전개)이 최고조에 달해 폭발하는 아내(절정). 그런데 이 모든 것이 요즘 부쩍 몸이 약해진 아내를 위한 남편의 배려(결말)였다. 그리고 마지막에 하나씩만 가져오라는 아내의 말에 하나씩 400개의 서로 다른 수입 맥주를 가져오는 남편의 모습을 보면서 폭소(반전)가 터지게 하는 스토리를 담았다. 해당 광고는 조회 수 80만 뷰 이상을 기록했고 수많은 공유 횟수를 기록했다. 좋은 이야기는 구조부터 다르다. 기승전결을 명확히 하고 반전의 묘미를 살리는 것이 좋다.

72초 TV라는 오구실 이야기……. 72초 TV의 성공의 방정식인 그 짧은 72초 안에 기승전결의 이야기 구조를 집어넣었다.

즉시성, 동영상, 공유 가능 (어떻게)

어떻게의 형식적 측면과 관련해 Z세대 이야기를 하지 않을 수 없다. 1990년대 중반부터 2000년대 중반 사이에 태어난 이들은 어릴 때부터 인터넷과 디지털 기기를 접해 정보기술IT에 친숙하다. PC나 TV보다 스마트폰을 선호하고 텍스트보다 동영상을 선호한다.

특히 디지털 기기에 익숙한 Z세대는 가정에서 디지털 기기나 서비스를 구매할 때 적극적으로 의사결정에 참여한다. 미국 가정의 93%가 집에서 새 제품을 구매할 때 Z세대의 의사가 결정적 영향을 미친다는 조사 결과도 있다. 한국은 약 636만 명 정도가 Z세대라고 한다. 이들을 규정하는 키워드는 '즉시성' '동영상' '공유 가능'이다. 바로 볼 수 있고 공유할 수 있는 동영상을 가장 좋아한다는 것이다. 미국에서 Z세대가 가장 좋아하는 사이트가 유튜브라는 것이 이를 증명한다. 한국도 마찬가지다. 애플리케이션(앱) 분석 업체 와이즈앱에 따르면 2017년 9월 기준 국내 안드로이드 스마트폰 사용자의 유튜브 사용 시간은 카카오톡의 두 배에 달한다.

콘텐츠 스스로 미디어와 네트워크가 된다

결론적으로 좋은 콘텐츠는 사람들이 검색하는 0번째 진실의 순간에 존재하며, 누구나 공감할 수 있는 인간적 이야기이거나 세상에 없는 나만의 이야기여야 한다. 그러면서 기승전결과 반전의 구조를 가졌고 동영상 등 공유 가능한 형태로 SNS에 올라와 있어야 한다. 그것이 '보랏빛 소'다.

'보라빛 소'가 되자

보랏빛 소가 되면 된다. 여기에 기업이나 제품 이야기를 어떻게 붙일지, 어떻게 배포할지 고민하지 말자. 사람들은 보랏빛 소를 스스로 주변에 공유한다. 누가 만들었다거나 왜 보라

셀럽파이브 무대 (출처: MV Vivo TV 캡처)

색인지 등은 묻지도 따지지도 않는다.

마지막으로 콘텐츠의 힘과 미래에 관해 2018년 인기인 걸 그룹 '셀럽파이브' 이야기를 하고 싶다. 셀럽파이브는 셀럽이 되고 싶다는 재미있는 가사, 맨발 댄스, 칼 군무로 현직 아이돌도 힘들다는 뮤직비디오 조회 수 100만 뷰를 찍을 정도로 핫하다.

해당 그룹의 기획자인 개그우먼 송은이의 행보도 새삼 조명받고 있다. 언론은 '송은이가 만든 세상, 주류를 흔들다' '송은

이, 내 꽃길은 내가 깐다' 등의 헤드라인을 뽑고 있다. 방송에서 불러주지 않자 팟캐스트 등 자체 콘텐츠를 제작해 주류 방송을 흔들고 있기 때문이다. 송은이가 보랏빛 소를 만들었고 방송의 화법을 바꾸고 있는 셈이다.

콘텐츠가 미디어이다

콘텐츠와 미디어의 힘이 역전됐다. 콘텐츠가 고객과 사람을 끌어 모으고 모인 사람들로 인해 콘텐츠 스스로 미디어와 네트워크가 되는 시대다. 캐나다의 미디어 이론가인 마셜 맥루한Marshall McLuhan은 일찍이 "미디어가 메시지다."라는 말과 함께 미디어의 힘을 강조했다. 하지만 최근 현상을 보면 이제 이 유명한 문장은 "메시지가 미디어다." 혹은 "콘텐츠가 미디어다."라고 바꿔야 할 듯하다.

5장

고객참여 마케팅
: 어떻게 스타벅스는 고객참여를 이끌어냈는가

마케팅의 4P와 4C

필자는 최근 대학의 경영학과에서 '마켓 4.0과 마케팅 변화의 방향'이라는 주제로 강의했다. 강의의 핵심은 이제 기업들이 기존의 마케팅 전략인 STP나 4P가 아닌 4C를 고민하고 수용해야 한다는 것이었다. STP 전략은 시장을 세분화 Segmentation하고 자사의 마케팅 전략 대상을 설정Targeting한 뒤 어떻게 고객의 마음속에 위치시킬 것인가Positioning에 대한 전략을 말한다.

강의를 들은 수강생 중 한 명은 또 무슨 4C가 나왔는지에 대해 질문했다. 그 학생은 정말 실제로 기업들이 그런 방향으로 움직이고 있고 효과가 있느냐고 질문했다. 최근 마케터들을 혼란스럽게 하는 개념의 변화가 있다. 두 개의 4C가 등장해서다.

애초에 전통적인 마케팅 4P인 제품, 가격, 유통, 판매 촉진이 기업 중심이었다. 그런데 경영학의 아버지로 불리는 피터 드러커는 기업이 아닌 고객의 관점에서 재정의해야 한다며 고객 가치 중심의 4C인 고객 혜택, 가격, 편의 시설, 커뮤니케이션을 주장했다. 게다가 최근에는 켈로그대 경영대학원 필립 코틀러 석좌교수가 『마켓 4.0』에서 새로운 4C인 공동 창작, 통화, 공동체 활성화, 고객과의 대화를 가지고 나왔다.

이제 마케터들은 이 세 가지 마케팅 방식을 어떻게 이해해야 할지에 대해 고민하게 됐다. 이 세 가지 마케팅 방식의 차이는 무엇이고 유용성은 어떻게 봐야 할까?

사실 4P는 너무나 자명하다. 마케팅의 기본이라고 할 수 있는 STP로부터 시장을 나누고 자신이 목표로 하는 시장을 정하고 그 시장에서 자신의 차별화된 위치를 정하고 그 포지셔닝에 맞는 제품을 만드는 것이다. 이후 제품에 맞는 가치를 결정하고 제품을 고객에게 전달하고 마지막으로 판매를 촉진하기 위해 알리는 일이다. 즉 4P는 기본적으로 포지셔닝으로부터 가치를 전달하는 방식이다.

여기에 대해 피터 드러커는 4P는 기업의 시각과 관점이라고 반박했다. 그는 기존의 방식을 고객의 시각에서 재정의해야 한다며 4C를 주장하고 나섰다. 즉 기업 시각의 제품 Product은 고객 시각에서는 고객이 가지는 가치Customer Value 또는 혜택Benefit이고 기업이 제시하는 가격Price은 고객에게는 비용Cost이다. 유통Place은 얼마나 쉽게 접근할 수 있는지의 관점에서 편의시설Convenience의 측면으로 봐야 하고 마지막으로 판매촉진Promotion은 고객과의 커뮤니케이션 Communication이라는 것이다. 즉 4P를 고객의 관점에서 본 것이다.

피터 드러커는 '주다'라는 행위를 받는 사람 쪽에서는 '받다'는 행위가 되는 것처럼 관점을 바꿨다. 물론 관점을 바꾼 데에는 고객 중심이라는 시대의 요구가 있었다. 그러면 필립 코틀러 석좌교수가 저서 『마켓 4.0』에서 주장하는 새로운 4C 는 무엇일까?

먼저 그는 기존의 고객 중심은 그대로지만 고객이 변했다고

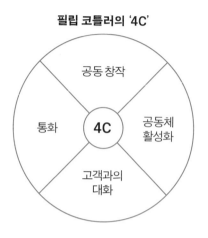

필립 코틀러의 '4C'

공동 창작

통화 4C 공동체
활성화

고객과의
대화

주장한다. 이제는 소극적이고 수동적인 고객이 아니라 연결성
의 혁명으로 적극적이고 사회적인 고객으로 변했고 이러한 관
점에서 4P가 다시 변해야 한다는 것이다. 그는 4P에는 기업
시각의 적극성과 주도성이라는 개념이 있는데 이제는 고객 중
심의 적극성과 주도성의 개념을 포용해야 한다고 주장했다.
즉 4가지 제품, 가격, 유통, 판매촉진이 고객참여의 관점에서
재정의되어야 한다는 것이다.

  기업이 만드는 제품은 이제는 고객과의 공동 창조로, 가격
은 환율처럼 고객참여의 수요와 공급에 따라 가치가 계속 변
하는 통화로, 유통은 고객의 참여를 통해 제품의 가치를 전달

하고, 지역 커뮤니티를 활성화시키는, 즉 에어비앤비처럼 커뮤니티를 활성화하는 공동체 활성화로, 그리고 판매촉진은 일방적으로 기업이 자기의 메시지를 전달하는 것이 아닌 고객과의 대화로 변해야 한다는 것이다.

필립 코틀러 석좌교수의 4C에는 그 스스로가 항상 강조했듯이 깨어 있으면서 다가오는 세계의 새로운 변화를 많이 담으려고 노력한 흔적이 보인다. 특히 통화의 개념과 공동체 활성화라는 개념이 그것이다. 그러다 보니 미래를 향한 방향성도 맞고 앞서가는 몇몇 기업의 예로서는 맞다. 하지만 오늘 당장 많은 기업의 현실을 반영하기에는 무리가 따르는 것도 사실이다. 이에 비해 피터 드러커의 4C는 4P를 대체하지만 필립 코틀러 석좌교수의 4C처럼 새로운 방향성과 변화된 고객 세계를 담기에는 무리가 따른다.

오늘날 변화된 시대에 4P는 사실 일정 부분 4C로 대체돼야 하는 것도 맞다. 하지만 이 두 개의 4C 사이에서는 과연 어떤 것을 취해야 할까.

마이 스타벅스 아이디어와 고객참여

서울 시내에 스타벅스 매장이 엄청나게 늘었다. 청계천 광장에서 네이버 지도로 스타벅스 매장 위치를 검색해보면 한 화면에 10개가 넘는 매장을 알려줄 정도다. 커피 전문점 시장에서 스타벅스의 독주가 이어지고 있다. 스타벅스는 시장점유율 측면에서 2, 3위 브랜드들과 큰 격차를 벌리고 있다. 커피 전문점 시장이 양극화됐다는 분석까지 나오고 있다. '2017년 업계 최초로 매출 1조 원'을 돌파한 데 이어 '2018년 상반기에만 매출 5,935억 원을 기록하고 점포수도 1,050개'로 늘어났다. 이 약진은 국내만의 이야기가 아니다. 글로벌 스타벅스 실적도 2008년 하워드 슐츠 스타벅스 회장의 재부임 이후 10% 이상씩 지속적인 성장세를 보이고 있다. 고객이 말 그대로 몰리고 있다. 스타벅스의 무엇이 고객을 몰리게 하는 것일까?

스타벅스는 2000년 창업자인 하워드 슐츠 회장이 떠나고 정체성이 흔들리며 2008년 금융위기와 더불어 매출이 급감했다. 사상 처음으로 적자를 경험하기도 했다. 그때 하워드 슐츠 회장은 스타벅스 CEO로 다시 돌아오면서 '잃어버린 고객

스타벅스 창업자 하워드 슐츠 회장

경험을 되찾는 것'을 최우선 목표로 설정했다. 동시에 그는 그 사이 고객의 소통 방식이 디지털로 바뀐 것을 지적하면서 "디지털 혁신을 통해 고객경험을 되찾아주겠다."라고 강조했다. 또한 "디지털 혁신을 통해 고객참여에 불을 지피겠다."라고 공언했다. 그는 고객참여 향상을 위한 두 가지 계획을 내놓았다.

첫째는 2008년 론칭한 '마이 스타벅스 아이디어'라는 공동 창조 플랫폼을 만든 것이다. 이 플랫폼은 공유, 투표, 토론, 검토의 4단계로 구성돼 있다.

1단계인 공유는 아이디어를 제품, 매장, 사회공헌 카테고리로 분류하고 자신의 아이디어를 올리는 장이다. 2단계인 투표

마이 스타벅스 아이디어

단계는 공유된 아이디어들에 대한 찬반 투표를 실시하는 것
이다. 그리고 이 과정을 통해 자연스럽게 아이디어를 선별하
는 과정을 거친다. 3단계는 토론 단계이다. 이 토론 단계는 다
른 기업의 공동 창조 플랫폼과 다른 과정이다. 스타벅스는 좋
은 아이디어를 뽑는 과정도 중요하지만 개별 아이디어를 놓
고 고객들 간에 서로 이야기하는 소통의 과정도 중요하다고
봤다. 이 토론 과정을 통해 고객들은 자신들의 아이디어가 채
택되지 못하더라도 다른 고객들로부터 피드백을 받고 얘기를
들음으로써 자신들이 가치 있는 무엇인가를 했다는 느낌을
받을 수 있었다.

스타벅스 실버카드. 카드 고유번호와 핀번호가 있어 스타벅스 앱에 등록하면 스마트폰으로 결제가 가능하다. (출처: 스타벅스)

사실 제안된 아이디어들의 채택률은 1% 미만이다. 하지만 바로 이런 토론 과정을 거쳐 각자는 자신의 아이디어가 존중받고 있고 가치 있다는 생각을 가질 수 있기 때문이다. 또한 이 토론 단계를 통해 단순히 회사와 고객의 관계가 아닌 고객과 고객의 관계로 발전함으로써 사이트가 단순히 공동 창조 사이트가 아닌 고객 커뮤니티 사이트로 발전하게 됐던 것이다.

마지막 4단계인 검토 단계도 역시 고객의 아이디어를 스타벅스가 얼마나 진지하게 대하고 있는지를 보여준다. 검토 단계에서는 선정된 아이디어들이 무엇인지, 안타깝게 실현되지 못한 아이디어들이 무엇인지 구체적으로 설명한다.

이 사이트를 통해 연간 약 20만 개의 아이디어가 올라오고 그중 연간 약 70개의 아이디어가 구체적으로 실행된다. 대표적인 것이 커피 튀는 것을 방지하는 스플래시 스틱과 매장 내 와이파이 무료 사용 등이다.

마이 스타벅스 애플리케이션과 고객참여

스타벅스에서 2011년 출시한 '스타벅스 애플리케이션(앱)' 도 고객 중심의 마케팅 전략으로 볼 수 있다. 사실 이 앱은 2009년 출시한 '마이 스타벅스 리워드' 프로그램을 확대 적용한 주문·결제·보상·개인화 서비스를 하나로 묶은 것이다. 스타벅스 디지털 혁신의 상징적인 프로그램이다.

충전형 사용 방식의 이 앱을 통해 고객들은 매장 밖에서도 모바일로 주문하고 충전된 카드를 통해 쉽게 결제한다. 고객들은 구매할 때마다 포인트인 '별'을 받는다. '별'이 쌓이면 회원 등급이 높아져 가격 할인이나 쿠폰 혜택을 제공받고 이런 구매 이력과 장소와 날짜 등이 쌓이면서 고객에게 개인화된 상품 및 서비스를 제안하는 방식이다. 이 앱의 가입자는 한국 260만 명, 미국 1,600만 명 정도다. 미국 내 전체 매출의 25%는 이 모바일 앱을 통해 이뤄지고 있다. 충전카드에 충전된 금액은 미국 내에서만 약 1조 원에 이른다.

스타벅스는 이 과정을 '디지털 플라이 휠'을 확장하고 있다고 강조한다. '플라이 휠'은 기계나 엔진의 회전속도를 고르게 하기 위해 쓰이는 바퀴를 뜻하는데 주문, 결제, 보상, 개인화의 휠을 빅데이터와 자동화라는 디지털 기술을 통해 돌려서 탁월한 고객 경험을 선사하고 있다는 의미다. 스타벅스의 이 두 가지 전략을 필립 코틀러 석좌교수의 4C의 관점에서 적용해보면 '마이 스타벅스 아이디어'는 공동 제작과 소통이고 '스타벅스 앱'은 주문과 결제의 편의성, 등급에 따른 할인이라는 의미에서는 통화라는 개념이 적용될 수 있다. 물론 앱을 통한 개인화된 제안은 대화의 개념이 타당해 보인다.

필립 코틀러 석좌교수의 4C 중 공동체 활성화를 제외한 나머지 개념들이 적용되고 잘 실행되고 있다고 봐야 할 것 같다. 사실 공유경제의 우버나 에어비앤비를 제외하고는 일반 기업들이 공동체 활성화를 적용하기에는 아직은 어려워 보인다.

기업이 디지털 기술을 활용해 운영체계 및 고객경험을 변화시키는 것을 '디지털 트랜스포메이션'이라고 얘기한다. 많은 이들은 이런 디지털 트랜스포메이션을 가장 성공적으로 진행한 기업을 스타벅스라고 지목하고 있다. 스타벅스는 2008년 하워드 슐츠 의장이 "디지털 혁신을 통해 탁월한 고객경험을 제공하겠다."라고 공언했던 대로 지금 4C를 통한 고객 중심의 마케팅을 제공하고 있다.

스타벅스는 고객들과의 공동 제작을 통한 '참여의 경험', 통화를 통한 '차별화된 혜택'의 경험, 편의성을 통한 '수월성 Hassle Free의 경험'과 대화를 통한 '소통 및 개인화의 경험' 등을 제공한다. 그 결과가 스타벅스의 거침없는 성장으로 나타나고 있는 것이다.

스타벅스의 사례를 보면 조심스럽지만 필립 코틀러 석좌교수의 4C가 앞으로 많은 기업들이 나아가야 하는 방향이 아닐까 생각해본다. 물론 필립 코틀러 석좌교수 본인이 이야기한 것처럼 '전통적 마케팅의 4P와 통합적으로 이해'라는 전제를 깔고 말이다.

나가며

 이 책을 거의 마무리할 즈음에 배달의민족이 독일의 딜리버리히어로DH 그룹에 4조 7,500억 원에 인수합병됐다는 기사가 크게 화제가 됐다. 배달의민족이 이렇게 높은 가격에 인수합병된 이유에는 국내 배달 앱 시장 1위의 프리미엄도 있었지만 '라스트 마일' 서비스로 인한 요식업 플랫폼으로 진화 가능성과 더불어 배달 앱 시장을 만든 창업자의 비전, 조직문화, 브랜딩 마케팅 능력이 치열한 글로벌 시장에서도 도움이 될 것이라는 판단도 있었다는 후문이다.

 배달의민족은 바로 이 책에서 얘기하는 '초연결성 시대 마케팅의 교과서' 같은 회사이다. 첫 번째 다움이다. 배달의민족의 다움은 홍성태 교수가 지은 『배민다움』이라는 책을 보면 잘 드러나 있다. 친한 동네형이라는(구체적으로는 〈무한도전〉의 박명

수를 언급) 페르소나에서 출발해 이 페르소나에 맞는 집요한 조직 내외부의 일관성, 즉 투명성의 사례가 잘 정리되어 있다(책에서는 일관성이나 투명성이라는 표현 대신 내외부 브랜딩이라고 얘기하고 있다). 특히 고객 페르소나에 맞는 조직문화를 만들기 위한 '송파구에서 일 잘하는 11가지 방법'이라는 내부 규칙은 '직장이 재미있는 놀이터가 될 수 있을까?'라는 우리 고객이 원하는 직장 문화를 정리한 것으로 배달의민족의 내부 문화가 잘 드러나 있다. 두 번째는 연결의 구조를 만들어라이다. 배민은 유명한 배민 신춘문예나 치맥 소믈리에 시험과 같은 고객참여형 이벤트들을 통해 끊임없이 연결을 확대 재생산하고 있다. 특히 SNS상에서 배민 이야기를 적극 발신하고 옹호하는 '배짱이'와 같은 팬 클럽을 조직 육성하고 있다. 2016년 배달의민족이 처음 흑자를 내자 전국 8도에 있는 흙을 모아 거기에 자를 꼽아 축하한 '흙자' 이야기는 SNS상에서 너무 유명하다. 2016년 처음 배짱이 모집 당시 100여 명, 경쟁률 1대 1로 시작했던 배짱이는 2기에 150명이 추가돼 총인원이 250여 명으로 늘었다. 18년 배짱이 3기 모집에는 무려 20만 명이 온라인 응시 시험을 치렀고 이 중 400명이 합격했다고 한다.

세 번째는 한 명만 감동시키면 된다이다. SNS상에 배민에

2016년 배달의민족이 처음 흑자를 내자 전국 8도에 있는 흙을 모아 거기에 자를 꼽아 축하한 '흙자' 이야기는 SNS상에서 너무 유명하다.

대해 감동한 이야기는 많지만 한 이야기가 마음에 남는다. 한 배짱이가 올린 글이다. 지방에 살면서 배짱이가 되어 팬클럽 창단식에 갔을 때 약간의 망설임과 쭈뼛거림을 가지고 장소에 들어갔다고 한다. 그런데 들어가자마자 모든 직원들이 자기 이름을 불러주었고 팬클럽 이름도(배달의민족을 짱 좋아하는 이들의 모임) 같이 정했고, 김봉진 대표가 처음부터 끝까지 자리를 함께하며 같이 놀고 웃고 하는 모습에 감동했다는 이야기이다. 이렇게 감동한 한 명이 흙자 캠페인을 만들었고 3년 만에 20만 명이 응시하는 팬클럽이 된 것이다.

이 책의 부제가 '밀레니얼의 일상에서 마케팅을 찾다'이다. 밀레니얼은 1980년대 초반부터 2000년대 초반까지 출생한, 태어나면서부터 디지털 네이티브인 세대로 제품과 서비스에 대한 메시지가 기업 내부에도 동일하게 적용되기를 원하고, 적극적 공유와 추천에 민감한 세대이다. 바로 그 밀레니얼들이 배달의민족을 만들었다. 이 책은 바로 그런 밀레니얼을 위한 마케팅을 다루고자 노력했다. 특히 그들의 일상을 반영한 예능 프로와 웹툰 등 가까이에서 쉽게 얘기를 풀고자 노력했다. 이제 우리 기업들의 마케팅은 변해야 한다. 2010년에 시작한 배달의민족은 창업한 지 9년 만에 4조 7,500억 원에 팔렸다. 다움에 기반한 연결을 확대 재생산하고 한 명을 감동시킴으로 가능했다. 이제 우리 중소기업들도 스타트업들도 그 여정에 나서야 한다.

참고 문헌

1. 김난도·이수진·서유현·최지혜·김서영·전미영·이향은·이준영·권정윤,『트렌드 코리아 2019: 서울대 소비트렌드분석센터의 2019 전망』, 2018, 미래의창

2. 김난도·전미영·최지혜·이향은·이준영·김서영·이수진·서유현·권정윤,『트렌드 코리아 2020: 서울대 소비트렌드분석센터의 2020 전망』, 2019, 미래의창

3. 김상훈·박선미,『진정성 마케팅: 끌리는 브랜드를 만드는 9가지 방법』, 2019, 21세기북스

4. 김숙희,『오프라인 매장 이대로 죽을 순 없다 온라인 쇼핑시대에 대항하는 오프라인 매장의 반격!』, 2013, 이담북스(이담Books)

5. 김형택,『O2O를 넘어 온디맨드로(일상생활로 확대되는 고객 서비스의 진화)』, 2016, e비즈북스

6. 노상규,『오가닉 비즈니스』, 2016, 오가닉미디어랩

7. 로버트 사이먼스,『전략을 보는 생각』, 김은경 옮김, 2015, 전략시티

8. 로저 마틴,『디자인 씽킹 바이블: 비즈니스의 디자인』, 현호영 옮김, 2018, 유엑스리뷰

9. 리완창, 『참여감(샤오미가 직접 공개하는 창의성과 혁신의 원천)』, 박주은 옮김, 2015, 와이즈베리

10. 마츠무라 키요시, 『옴니채널 시대의 오프라인 생존법칙(아마존과 이베이에 지지 않는다)』, 권윤정 옮김, 2014, 한국체인스토어협회

11. 문달주, 『마이크로 밸류: 서프라이즈! 아니, 세상에 이렇게까지』, 2013, 아이지엠세계경영연구원

12. 박정준, 『나는 아마존에서 미래를 다녔다』, 2019, 한빛비즈

13. 브라이언 솔리스, 『경험은 어떻게 비즈니스가 되는가』, 정지인 옮김, 2016, 다른

14. 브래드 스톤, 『아마존, 세상의 모든 것을 팝니다: 아마존과 제프 베조스의 모든 것』, 야나 마키에이라 옮김, 2014, 21세기북스

15. 살림 이스마일·마이클 말론·유리 반 헤이스트, 『기하급수 시대가 온다: 한계비용 0, 수익은 10배 더 많은 실리콘밸리의 비밀』, 이지연 옮김, 2016, 청림출판

16. 세스 고딘, 『마케팅이다: 세스 고딘의』, 심태훈 옮김, 2019, 쌤앤파커스

17. 손현진, 디지에코 보고서, 「ICT와 디테일의 만남: 옴니채널」, 2013. 9. 17

18. 여현준, 『일잘팀장은 경영부터 배운다』, 2017, 메디치

19. 우승우·차상우, 『창업가의 브랜딩: 브랜드 전략이 곧 사업전략이다』, 2017, 북스톤

20. 윤지영, 『오가닉 마케팅: 네트워크가 제품이다』, 2017, 오가닉미디어랩

21. 윤지영, 『오가닉 미디어: 연결이 지배하는 미디어 세상』, 2016, 오가닉미디어랩

22. 임홍택, 『90년생이 온다』, 2018, 웨일북

23. 장정빈, 『리마커블 서비스』, 2009, 올림

24. 전성철·배보경·전창록·김성훈, 『4차 산업혁명 시대, 어떻게 일할 것인가』, 2018, 리더스북

25. 제임스 H. 길모어, B. 조지프 파인 2세, 『진정성의 힘(고객들이 진정으로 원하는 것은 무엇인가)』, 윤영호 옮김, 2010, 세종서적

26. 존 로스만, 『아마존처럼 생각하라(디지털 경제 시대를 압도할 비즈니스 바이블)』, 김정혜 옮김, 2019, 와이즈맵

27. 주홍식, 『스타벅스, 공간을 팝니다: 하워드 슐츠가 감탄한 스타벅스커피 코리아 1조 매출의 비밀』, 2017, 알에이치코리아(RHK)

28. 최재붕, 『포노 사피엔스: 스마트폰이 낳은 신인류』, 2019, 쌤앤파커스

29. 카민 갤로, 『애플 스토어를 경험하라(짜릿한 감탄의 순간을 판매하는)』, 조은경 옮김, 2013, 두드림

30. 켈리 무니·니타 롤린스, 『오픈 브랜드(고객을 끌어들이는 웹 마케팅 전략)』, 이주미 옮김, 2009, 위키북스

31. 필립 코틀러, 『필립 코틀러의 마켓 4.0: 4차 산업혁명이 뒤바꾼 시장을 선점하라』, 2017, 더퀘스트

32. 필립 코틀러·허마원 카타자야·후이 덴 후안, 『마켓 4.0 시대 이기는 마케팅』(양장), 이엽·김민주 옮김, 2017, 한국경제신문사(한경비피)

33. 홍성태, 『배민다움: 배달의민족 브랜딩 이야기』, 2016, 북스톤

34. 홍성태·조수용, 『나음보다 다름: 기획에서 마케팅까지, 무엇을 어떻게 차별화할 것인가』, 2016, 북스톤

다움, 연결, 그리고 한 명

밀레니얼의 일상에서 마케팅을 찾다

초판 1쇄 발행 2020년 2월 25일
초판 2쇄 발행 2020년 6월 30일

지은이 전창록
펴낸이 안현주

펴낸곳 클라우드나인   **출판등록** 2013년 12월 12일(제2013 - 101호)
주소 우) 03990 서울시 마포구 월드컵북로 4길 82(동교동) 신흥빌딩 3층
전화 02 - 332 - 8939   **팩스** 02 - 6008 - 8938
이메일 c9book@naver.com

값 16,000원
ISBN 979 - 11 - 89430 - 61 - 0 03320